AKTIER

3 STEG TILL
EKONOMISKT OBEROENDE

AKTIER

3 STEG TILL EKONOMISKT OBEROENDE

Ola Lauritzson

tukan förlag

Aktier – 3 steg till ekonomiskt oberoende

Utgiven av Tukan förlag
Örlogsvägen 15
426 71 Västra Frölunda
www.tukanforlag.se

Text: Ola Lauritzson
Författarfoto: Peter Knutson
Formgivning omslag: Sanna Sporrong
Formgivning inlaga: Gyllene Snittet bokformgivning AB
Redaktör: Susanne af Klercker
Tredje utgåvan, första tryckningen
Tryckt i Litauen 2021

ISBN 978-91-7985-774-5

Innehåll

Kan man bli ekonomiskt oberoende av aktier?

VEM DRÖMMER INTE OM ATT TJÄNA PENGAR när man ligger i hängmattan, kunna resa vart man vill och styra över sin egen tid? Eller ha tillräckligt med pengar för att kunna tacka nej till arbete som man inte är intresserad av – det många brukar kalla *fuck off-pengar*? Förvisso visar undersökningar att pengar inte gör oss lyckligare, men det förutsätter att du redan har tillräckligt med kapital för att täcka alla dina fundamentala behov. Och det begreppet är en högst subjektiv bedömning. Pengar skapar frihet att göra det du tycker är roligt, förverkliga dig själv och skapa trygghet åt dig och din familj.

För många är tanken på att skrapa fram en storvinst på Triss den stora drömmen. En vinst som varje månad ger en ”skattefri lön” vore den ultimata lösningen för ekonomiskt oberoende. Denna hägring får svenskar att årligen spela för ungefär 30 miljarder kronor. Men chansen att få storvinsten är utopisk, sannolikheten att du plockar just den där Triss-lotten med tre klöversymboler är 1 på

2 000 000. Alltså, räkna med att du måste köpa två miljoner lotter för att kamma hem storvinsten med månatliga utbetalningar under ett antal år. Möjligheten är faktiskt större att du blir träffad av blixten än att du skulle skrapa fram jackpotten. Förvisso gör du en god gärning på kuppen när du köper en lott – över hälften av pengarna går rakt ner i statskassan och finansierar såväl skolor som äldreomsorg. Men om syftet är att du ska bli rik är sannolikheten inte på din sida.

Syftet med den här boken är att du ska vända oddsen till din fördel. Genom att lära dig hur aktiemarknaden fungerar, och skapa en högavkastande aktieportfölj, är förhoppningen att du ska skrapa fram din egen storvinst utan att lägga pengar på en omöjlig lottodröm. Jag vill visa att den drömmen kan bli sann.

Att tjäna pengar på aktier borde i teorin egentligen vara ganska enkelt. Kikar man på de senaste 30 åren har aktiemarknaden gett en genomsnittlig årlig avkastning på över 10 procent – och då inkluderas ett antal börskrascher under den perioden. Alltså de nedgångar som följde efter "the black Monday" i oktober 1987, fastighets- och finanskrisen i början av 90-talet, IT-kraschen i början av millennieskiftet, liksom den så kallade Lehmankraschen, Eurokrisen och Corona-kraschen på senare tid, för att bara nämna några. Dessa kraftiga nedgångar till trots har alltså börsen varit den i särklass bästa placeringsformen över tid i förhållande till traditionellt banksparande eller investeringar i obligationsmarknaden.

Men i praktiken är det tveksamt om den genomsnittlige spararen kommit i närheten av denna enastående värdetillväxt. Höga fondavgifter, dålig tajming och skev riskspridning sätter käppar i hjulet för de flesta. Liksom vanlig mänsklig psykologi. Sanningen är att de allra flesta går miste om enorma belopp på grund av några basala och synnerligen dyrköpta misstag.

Varför är det då så svårt att lyckas i praktiken?

Aktiemarknaden bjuder på väldiga svängningar. I denna nervkittlande berg-och-dalbana är det lätt att ryckas med i euforin efter en längre tids uppgång. När alla tycks prata om aktier och hur lätt det är att tjäna pengar vill du förstås också hoppa på tåget. Ofta är det då redan för sent. Kurserna fortsätter möjligen uppåt ytterligare en period men vänder sedan ner. Då är det inte lika roligt längre. Vi förbannar våra misstag och gör allt för att glömma bort innehaven. Tidningarna konkurrerar med sina domedagsprofetior och till slut börjar du tvivla på att du överhuvudtaget ska kunna rädda dina besparingar. Du får nog och säljer med förlust med motiveringen "rädda vad som räddas kan". Bränd av den dyrköpta läxan bestämmer du dig för att undvika aktiemarknaden i fortsättningen. Men så, ett par år senare börjar de smärtsamma erfarenheterna blekna. Vänner och släktingar berättar om sina aktieaffärer, en mysig optimism sprider sig i allt bredare lager. Du fortsätter att avvakta, men något inom dig har tänts på nytt. Du snappar upp företagsnyheter och lyssnar lite extra när någon pratar om aktietips. Så småningom lyckas du övertyga dig själv om att du borde testa på nytt. Denna gång ska det gå bättre! Du följer dina vänners köpråd om bolag vars namn du kanske aldrig hört talas om och kastar dig in i aktievärlden på nytt.

Ja, så ser det inte sällan ut för nybörjare på aktiemarknaden. Kanske blev resultatet bättre den andra gången, men risken är stor att historien upprepar sig. Vår fiktive vän visar upp ett klassiskt beteende för många småsparare: man kommer in på marknaden när priserna och förväntningarna är alltför höga, men får panik när kurserna rasar och säljer och missar därmed när kurserna vänder uppåt igen. Förmodligen låg det inte någon djupare analys eller tanke bakom investeringarna heller – de grundade sig på rykten och råd man snappat upp från andra. Man har egentligen ingen aning om vad man har investerat i. Föga förvånande är det betydligt svårare att tjäna pengar på aktier med ett sådant beteende.

Att lyckas riktigt bra på börsen kan sammanfattas i några egentligen väldigt självklara råd, där uttrycken ”köp billigt och sälj dyrt”, ”tänk långsiktigt” och ”förstå vad du köper” kvalificerar sig bland de mer provocerande i sin banalitet. Men bakom dessa ligger ändå några avgörande aspekter som skiljer de framgångsrika investerarna från andra – till exempel förståelsen för skillnaden mellan värde och pris, skickligheten att identifiera långsiktiga tillväxtbolag och insikten om betydelsen av den mäktiga ränta-på-ränta effekten. Liksom förmågan att undvika alltför stora förluster när marknaden går ner – utan att missa värdestegringen när aktiekurserna tar fart uppåt igen.

Investerare över hela världen söker kontinuerligt efter strategier som ska överträffa alla andra. Affärer görs dygnet om världen runt. Miljontals privatinvesterare, proffsplacerare, analytiker och smarta datorer konkurrerar om samma sak: att tjäna pengar. Och strategierna är många. Allt från de som gränsar till vidskeplighet till de som använder superdatorer och avancerade algoritmer för att utnyttja olika prissättningar för samma sak på olika marknader. Många försöker använda sig av historiska säsongsvariationer för att göra klipp – om börsen brukar gå ner i september så satsar man på att den gör det även det här året. Andra utgår från att kursrörelser ofta är överdrivna och har som idé att investera i en portfölj av bolag som fått mest stryk det senaste året. Vad bolagen sysslar med är underordnat. Att rita in trender utifrån historiska kursmönster, så kallad teknisk analys, är en annan populär metod. Genom att studera historiken kan man spå framtiden. Det är i alla fall förhoppningen.

Visst kan en del av dessa strategier vara framgångsrika, men samtidigt innebär de ofta vansinniga risker, ren spekulation, som snarare kan kategoriseras som vadslagning och gambling än smarta placeringar.

Den här boken bygger på en modell i tre steg – en "investeringsraket" – som tar sin grund i ett långsiktigt kontinuerligt sparande med låga omkostnader, går vidare med en portfölj av högutdelande och tillförlitliga värdepapper, och toppas av en bukett utvalda 'guldkorn' som blir kryddan i den samlade portföljen. Tanken är att du ska maximera din avkastning samtidigt som du begränsar dina risker. Genom att hitta långsiktiga kursvinnare, hålla nere kostnaderna för ditt sparande och bemästra – eller åtminstone förstå – de psykologiska krafter som ständigt finns närvarande när man investerar på börsen, så är du snart en mästare i klass med de allra bästa i världen.

Jag vill att den här boken ska ge dig inspiration att komma igång med ditt sparande – eller om du redan har börjat – se till att du investerar på ett sätt så att du maximerar din avkastning på lång sikt. Det är dags att ruska liv i insomnade fonder som underpresterar år efter år. Vägen mot ekonomiskt oberoende ligger öppen för dig.

Varför jag skriver den här boken

Jag har varit fascinerad av börsen under nästan hela mitt liv. Redan som nioåring gjorde jag mina första aktieaffärer tillsammans med min morfar. Samma år startade jag och en klasskamrat, Christian, ett låtsasaktiebolag med det något udda namnet Burken AB. Vi hade som affärsidé att samla kvarterets ungar för att organisera uppsamling av glasflaskor och pantburkar. Det visade sig snart att panten inte gav den avkastning som vi hade hoppats på. För att göra affären lite mer guldkantad tryckte vi upp aktiebrev som vi passade på att sälja till grannarna samtidigt som vi hämtade upp deras tomburkar och flaskor. Det blev en succé. På bara några veckor hade vi lyckats emittera aktier för ett hisnande belopp (jag vill minnas att det var 800 kronor, inte illa för två småpojkar i början av det glada 80-talet). Pengarna investerade vi i ett "riktigt" börsbolag, skånska Aritmos AB. I likhet med de flesta investeringar på 1980-talet visade det sig bli en lönsam resa. Kursen dubblades på några år och alla innehavare av aktier i Burken AB kunde se fram emot en fin avkastning.

På den vägen fortsatte det. Jag var med och startade föreningen Unga Aktiesparare i Helsingborg och blev sedermera ordförande för hela riksorganisationen och en mångårig styrelseledamot i huvudföreningen Aktiespararna, en position jag glädjande nog återfick alldeles nyligen.

Efter en examen i finansiell ekonomi på Handelshögskolan i Stockholm, följd av praktik på bland annat amerikanska investmentbanken Goldman Sachs, bestämde jag mig för att fortsätta på den inslagna vägen. Men istället för att söka jobb på någon av de traditionella bankerna valde jag att starta eget. "Internet" hade nyligen slagit igenom som en ny banbrytande teknologi (nu känner jag mig genast väldigt gammal) och jag och en studiekamrat skrev vår magisteruppsats om hur webben skulle komma att revolutionera sättet att handla aktier på. Fokus var hur företag kunde använda Internet som en ny metod att söka riskkapital. Förtaget kom att heta EPO.com. Det var en – i mitt tycke – fyndig förkortning av Electronic Public Offerings, en ordlek på det amerikanska begreppet för börsintroduktioner, IPO:s eller Initial Public Offerings. Mitt företag hade som affärsidé att automatisera och förbilliga sättet att göra nyemissioner riktade till privatinvesterare. Året var 1998 och vi var precis i början av det som kom att bli en intensiv period för Den Nya Ekonomin. Jag befann mig mitt i stormens öga. Bolaget expanderade snabbt, riskkapitalbolagen stod i kö för att bli delägare och vi växte explosionsartat. Huvudkontoret flyttades till London, Europas finanshuvudstad. Jag var 24 år gammal och hela världen låg för mina fötter. Vi hade kontor i fem länder, kunderna strömmade till och framtiden var bländande ljus. Jag hamnade på omslaget av tidningen Business Week, intervjuades av CNN och finanstidningarna The Wall Street Journal och Financial Times skrev smickrande personporträtt. Bolagsvärderingen steg med raketfart.

Sedan sprack bubblan. Investerarna drog sig undan och den strida ström av börsintroduktioner som var bolagets syre torkade upp snabbare än en afrikansk flodfåra under torrsäsong. Lyckligtvis (för mig och bolagets övriga aktieägare) hade vi påbörjat en försäljningsprocess av EPO.com till en brittisk konkurrent. I kölvattnet av den skakiga marknaden pressade de ner priset, men under hösten år 2000 skrevs alla avtal under och bolaget såldes. På papperet blev jag förmögen. Men i likhet med de flesta affärer på den tiden fick vi betalt i aktier från det uppköpande bolaget. Aktier som vi aldrig kunde sälja och den fiktiva förmögenheten sjönk lika dramatiskt som den hade skapats ett par år tidigare. Jag fick smärtsamt lära mig betydelsen av begreppet ”cash is a fact, profit is an opinion”.

Jag ska inte trötta dig med min egen historia, men tycker ändå det är viktigt att beskriva bakgrunden till hur det kommer sig att jag skriver denna bok, och varför jag tror att jag har något matnyttigt att förmedla till alla som är intresserade av att ge sig in på aktiemarknaden. Dels för att jag har lång erfarenhet inom området, dels för att jag vet betydelsen av risk – något som jag lärt mig den hårda vägen.

Men jag vill också dela med mig av historiebeskrivningen eftersom en del läsare möjligen förknippar mitt namn med en helt annan bransch – nyttig mat och kokböcker. Det var efter de intensiva, turbulenta åren som dotcom-entreprenör som jag insåg att min hälsa hade fått ta stryk. Den stressiga livsstilen, de många resorna och sena nätterna hade satt avtryck på midjemåttet. Jag behövde gå ner i vikt. Och den insikten blev inkörsporten till en helt ny värld av näringsfysiologi, kalorier och fettförbränning. Jag bestämde mig för att förstå hur kroppen fungerar – på riktigt. Det blev grunden till ett antal böcker och företag med utgångspunkt i kunskaperna om den så kallade GI-metoden.

Under hela perioden som jag arbetat med kost och hälsa har jag fortsatt att vara aktiv på aktiemarknaden, även om jag inte varit det i någon professionell mening. Nu, snart 15 år efter lanseringen av min första bok om GI-metoden, vill jag dela med mig av mina kunskaper och erfarenheter även inom det här området. Det passionerade intresse som jag haft för aktiemarknaden i hela mitt vuxna liv har om möjligt vuxit sig ännu starkare. Jag vet att behovet av lättförståeliga – och praktiska – tips för hur man ska agera på börsen är stort.

Nog om mig. Nu kastar vi oss in i den fascinerande världen av aktier, börskurser och strategier för att bli ekonomiskt oberoende.

Frågor eller synpunkter på boken – eller kontakt med författaren:
Facebook: Aktier – 3 steg till ekonomiskt oberoende
eller ola@lauritzson.com

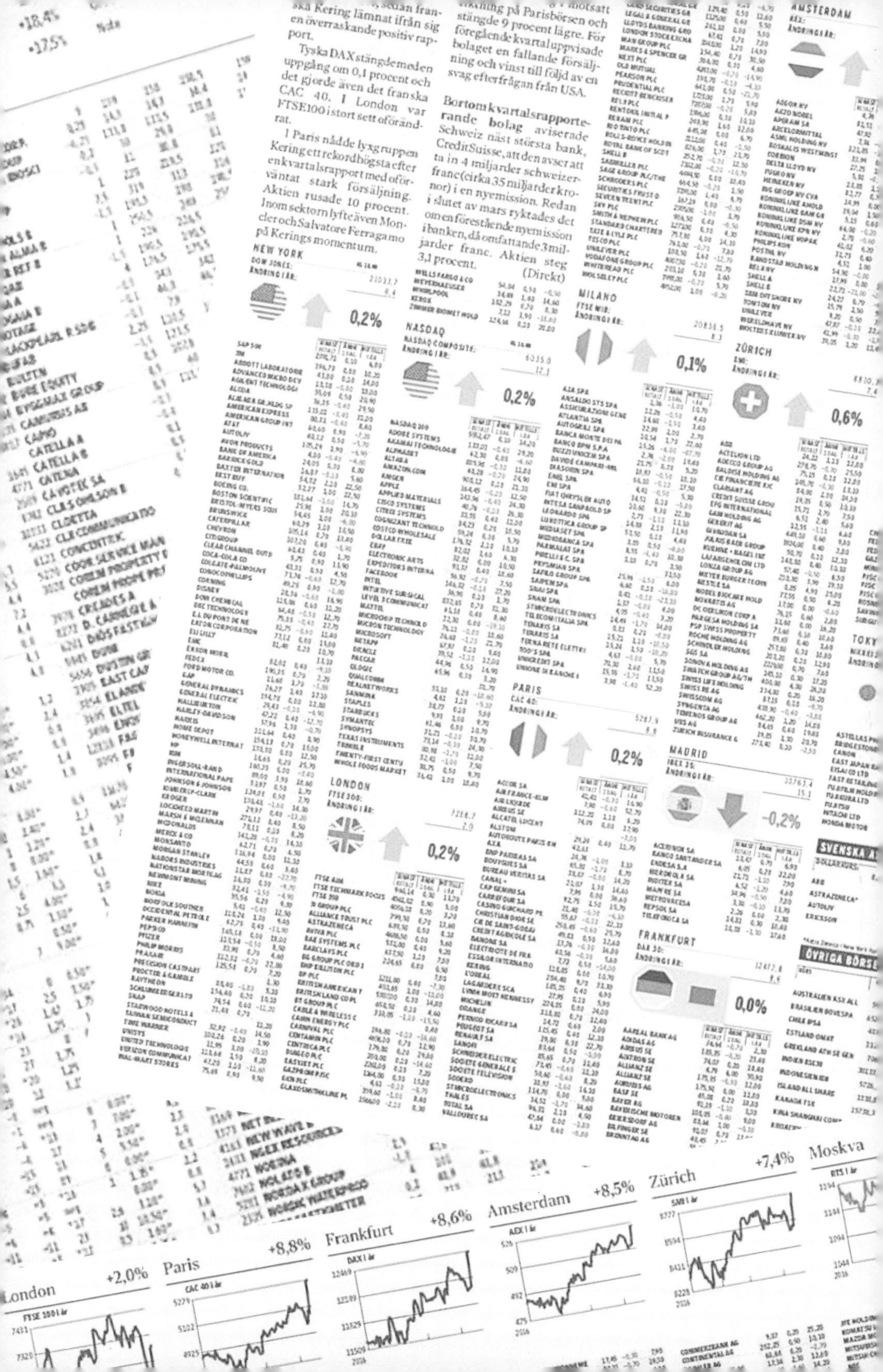

NEW YORK
NASDAQ
LONDON
MILANO
PARIS
AMSTERDAM
ZÜRICH
MADRID
FRANKFURT
0,2%
0,2%
0,2%
0,1%
0,6%
0,2%
-0,2%
0,0%
London +2,0%
Paris +8,8%
Frankfurt +8,6%
Amsterdam +8,5%
Zürich +7,4%
Moskva

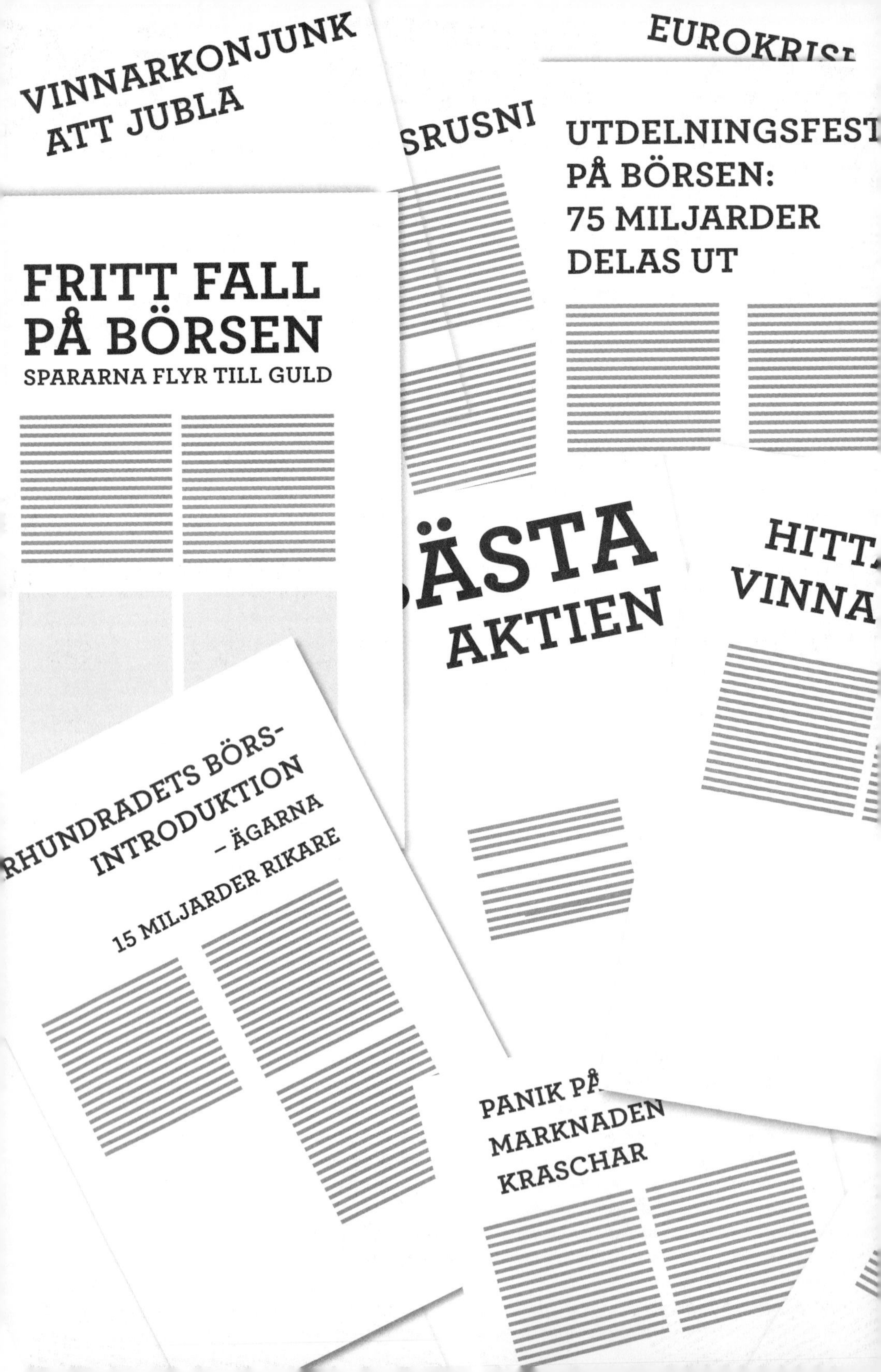
VINNARKONJUNK
ATT JUBLA
EUROKRIS
SRUSNI
UTDELNINGSFEST
PÅ BÖRSEN:
75 MILJARDER
DELAS UT
FRITT FALL
PÅ BÖRSEN
SPARARNA FLYR TILL GULD
ÄSTA
AKTIEN
HITT
VINNA
RHUNDRADETS BÖRS-
INTRODUKTION
– ÄGARNA
15 MILJARDER RIKARE
PANIK PÅ
MARKNADEN
KRASCHAR

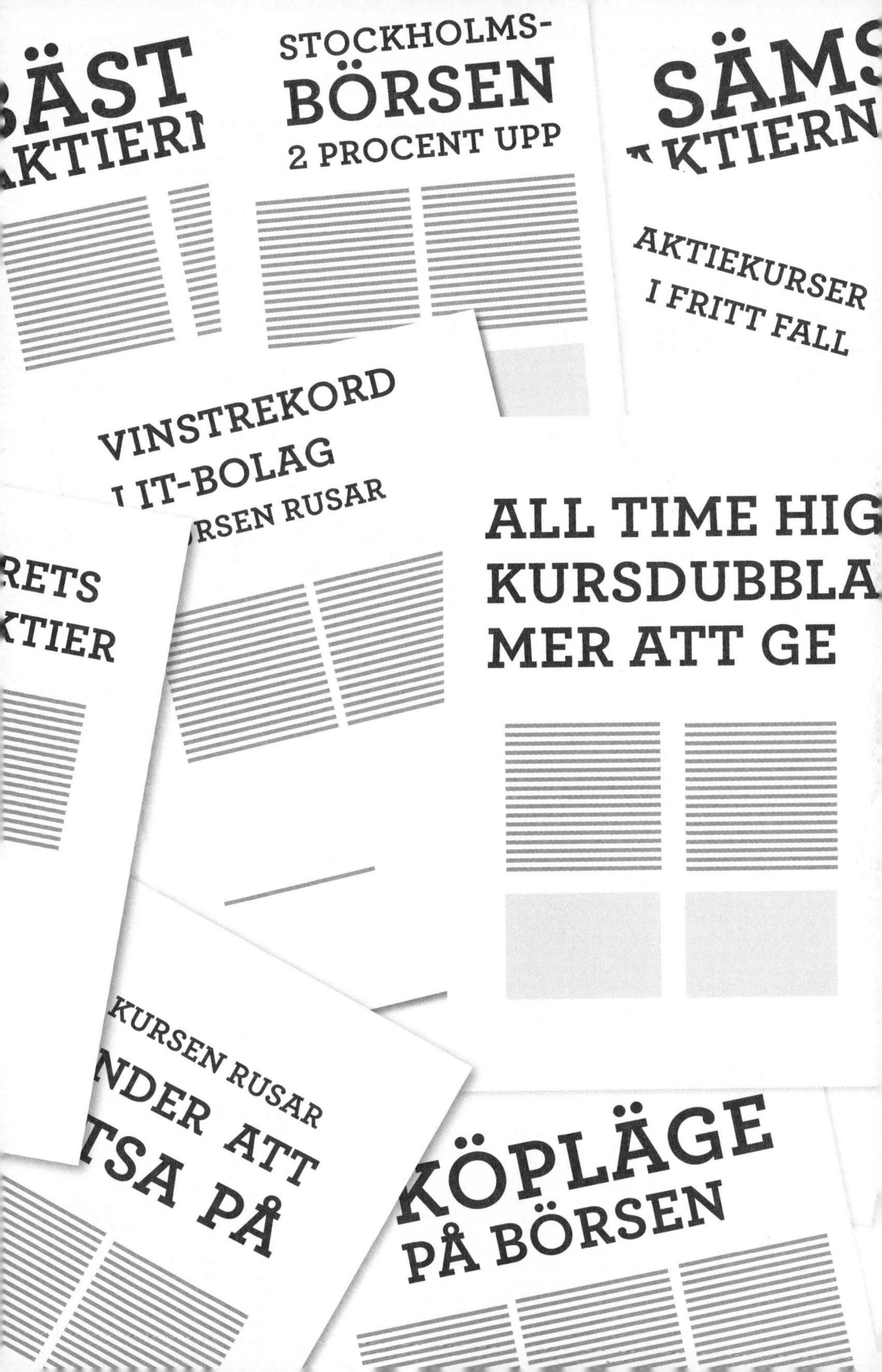
BÄST
KTIERN
STOCKHOLMS-
BÖRSEN
2 PROCENT UPP
SÄMS
KTIERN
AKTIEKURSER
I FRITT FALL
VINSTREKORD
I IT-BOLAG
RSEN RUSAR
RETS
KTIER
ALL TIME HIG
KURSDUBBLA
MER ATT GE
KURSEN RUSAR
NDER ATT
TSA PÅ
KÖPLÄGE
PÅ BÖRSEN

Vad är aktier – och hur tjänar du pengar på dem?

EN AKTIE ÄR INGET MINDRE ÄN EN ÄGARANDEL i ett företag. Det inkluderar en del av alla tillgångar, skulder, värde i varumärke, rätt till utdelning och allt annat som är kopplat till att vara delägare i ett bolag. Som aktieägare har du rätt att vara med och påverka bolagets framtid, välja styrelse och ha en åsikt i särskilt viktiga frågor som tas upp på bolagsstämman.

När du köper en aktie i ett bolag blir du alltså ägare till en liten del av företaget och dess verksamhet. Detta är sannolikt uppenbart för många, men likväl förbluffande enkelt att glömma bort när man investerar sina pengar på börsen. Det är lätt att tycka att en aktie är köpvärd bara för att den har gått ner mycket i pris på kort tid, eller att aktien är billig när den bara kostar några kronor att köpa. Men det resonemanget leder dig lätt fel. Om en aktie är ”billig” eller ”dyr” beror på vad du får för pengarna – inte hur mycket du betalar.

Med den basala insikten bekräftar vi det som borde vara självklart för alla som handlar med aktier. För att göra en bra affär måste vi förstå vad det är vi blir delägare i.

Börsvärde =
aktuellt pris på aktien x
antal aktier som finns i bolaget

Förvisso har aktiekurser en tendens att röra sig upp och ner i svindlande fart – inte sällan till synes helt utan koppling till hur den underliggande verksamheten faktiskt utvecklas. Ibland får man intrycket av att aktiekursen och bolagets utveckling är två separata saker, som när man läser om att ett företag har gjort en rekordvinst samtidigt som aktiekursen, trots de goda nyheterna, tappar i värde.

Anledningen till att aktiekursen och bolagets faktiska utveckling kan gå olika vägar beror på ett antal saker. Den viktigaste är vilka *förväntningar* på utvecklingen som är inkluderade – diskonterade – i kursen. Om ett stort antal investerare trodde att vinsten skulle bli ännu högre än vad som rapporterades, ja då är det sannolikt att kursen går ner. Ofta är det små saker som gör stor skillnad. I en kommentar kanske bolaget signalerar att marginalerna kommer att stärkas under kommande år – något som mycket väl kan påverka ett stort antal investerare att tro att framtida vinster kommer att bli högre, och därför vara villiga att betala ett högre pris för en ägarandel i bolaget trots att det aktuella resultatet kanske var sämre än väntat.

På samma sätt kan priset på en aktie dramatiskt förändras av saker som händer i omvärlden – även om händelsen i sig inte har någon direkt påverkan på bolagets försäljning och resultat. Politiska händelser, såsom presidentval i USA, prisförändringar på olika råvaror, inte minst olja, och uttalanden från världens riksbankschefer kan få oerhörda konsekvenser på aktiemarknaden. För ett bolag som i första hand säljer sina produkter och tjänster på den inhemska marknaden kan man förundras över varför dessa händelser påverkar värdet på bolaget så mycket. Förklaringen ligger i det diffusa begreppet riskaptit. När många investerare drar öronen åt sig strömmar kapitalet från aktiemarknaden till mer säkra investeringar - och när det finns fler säljare än köpare, ja då sjunker priset på aktierna även om förutsättningarna för det enskilda bolaget inte nämnvärt har förändrats.

Och det är just i denna dynamik av upp- och nergångar i aktiekurser som det går att göra bra investeringar. För över tid är sambandet mellan bolagets resultatutveckling och priset på aktierna avgörande. Tjänar företaget mycket pengar kommer du som aktieägare sannolikt också att göra det - av den enkla anledningen att du äger en del av framgången.

Aktiesparande i praktiken

Det finns flera sätt att tjäna pengar på aktier. Låt oss börja med de mest uppenbara: kursvinster och utdelningar.

Oftast är det förhoppningen att kunna köpa till ett lågt pris och sälja till ett högre som hägrar när man investerar i aktier. Det är också på det sättet som du kan göra riktigt stora vinster (och förluster) på relativt kort tid. Det är inte sällsynt att en aktie dubblas i värde på bara ett år, ibland väsentligt mer än så. För att hitta dessa kursraketer krävs förstås en stor skicklighet och god portion tur. Men särskilt ovanligt är det inte.

Tittar vi på börsen som helhet, det vill säga väger samman alla aktier i en portfölj utifrån storlek får vi fram ett index. Det bredaste indexet kallas generalindex och inkluderar alla bolag på Stockholmsbörsen – kursraketerna såväl som de som förlorat i värde.

I diagrammet till höger kan du se den årliga kursutvecklingen de senaste 30 åren för Stockholmsbörsens mest omsatta aktier. Det är onekligen stora svängningar; från +71 procent 1999 när det rådde total börseufori och alla talade om internetrevolutionen och *Den Nya Ekonomin*, till -42 procent några år senare när den sista luften gick ur dotcom-bubblan, samtidigt som terrorattacken mot World Trade Center i september 2001 fortsatte att skicka chockvågor över världen. Det dröjde därefter sex år till nästa kurskollaps, då som ett resultat av överbelånade amerikanska bostadsobligationer som ledde till en total krasch i det finansiella systemet och konkurs i bland annat den anrika amerikanska investmentbanken Lehman Brothers. Däremellan var det långa perioder av kraftiga kursuppgångar. Under det dramatiska 2020 rasade som bekant börsen under våren när nyheterna om det okända viruset panikslog världen. Men tack vara en närmast osannolik återhämtning från sommaren och framåt slutade året ändå med en uppgång på ca 10 procent.

Ofta är det omvärldsfaktorer utanför bolagens kontroll som initierar de stora och plötsliga kursnedgångarna. Vem kunde till exempel förutse att två plan skulle flyga in i New Yorks World Trade Center hösten 2001. Eller att ett virus med möjligt ursprung från en marknad i Kina skulle lamslå världens ekonomier med närmast bibliska konsekvenser. Historien är fylld av liknande händelser som påverkar börsen, men lika ofta är det till synes små och oförklarliga händelser som kan sätta igång en snöbollseffekt som får gigantiska proportioner. Den gemensamma nämnaren är att de i princip är omöjliga att förutspå. På marknaden brukar man benämna dessa händelser som ”the black swan”, den

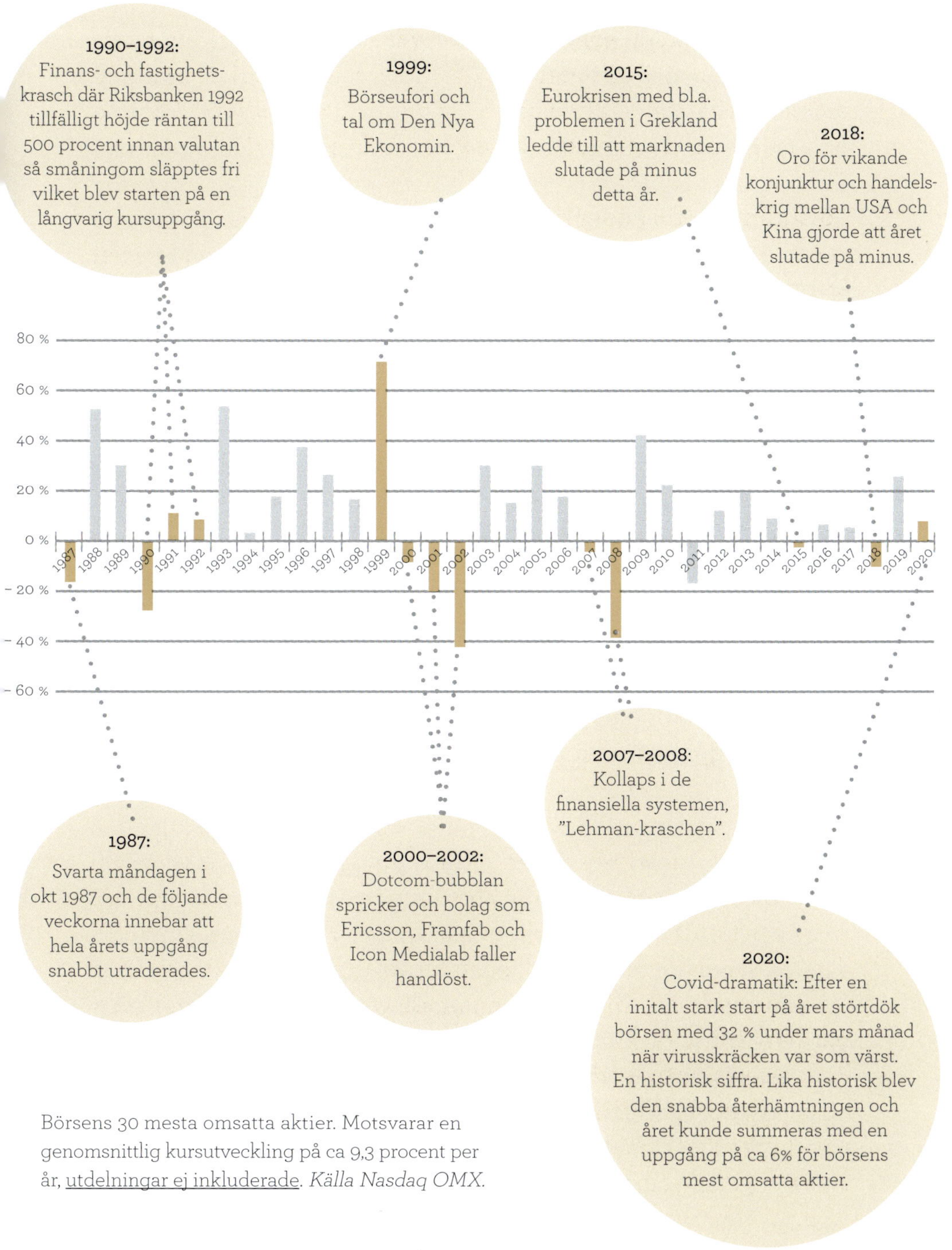

Börsens 30 mesta omsatta aktier. Motsvarar en genomsnittlig kursutveckling på ca 9,3 procent per år, <u>utdelningar ej inkluderade</u>. *Källa Nasdaq OMX.*

svarta svanen – de dyker upp från ingenstans och kan få enorm påverkan på aktiemarknaden.

Men poängen är den att över tid, och förutsatt att du inte köper för sent och säljer för tidigt i en börscykel utan ligger kvar med dina innehav, har börsen i genomsnitt gått upp ungefär 10 procent per år mätt över de senaste 30 åren – en enastående avkastning när du jämför med alternativen. Och bakom detta genomsnitt ligger alltså stora skillnader mellan åren och mängder av bolag som har gått betydligt bättre än så, men självklart också många som gått sämre.

Låt oss klä resonemanget i siffror för att riktigt förstå innebörden. Om du hade satsat 10 000 kronor på börsen i december 1987 och haft samma avkastning som genomsnittet av de största bolagen skulle din portfölj idag vara värd 178 970 kronor (slutkurser åren 1987 till 2020), en värdeuppgång på kittlande 1 590 procent! Det förutsätter alltså att du inte sålt och köpt vid fel tillfällen eller låtit en stor del av kapitalet försvinna i onödiga avgifter. Förutsättningar som det visat sig svårt att leva upp till för de flesta som investerar på börsen.

Men ambitionen stannar förstås inte med att vi vill vara lika bra som genomsnittet. Självklart vill du hitta just de där guldkornen som stiger i värde för varje år och som kan göra dig riktigt förmögen. Det är något som vi återkommer till senare i boken, i den tredje delen av det jag kallar investeringsraketen som handlar om hur du kan bli en framgångsrik ”stockpicker”. Men låt oss inte föregripa den röda tråden utan börja med de lite enklare delarna av sparstrategin.

Så mycket om kursvinster. Nu kommer vi till den andra delen om hur du kan tjäna pengar på dina aktier – utdelningar.

Som aktieägare är du alltså delägare i bolaget. Och som sådan är det du tillsammans med de andra delägarna som bestämmer vad företaget ska göra med vinsten och vilken utdelningspolicy företaget ska ha (det ska erkännas: som liten aktieägare har du mycket litet inflytande över dessa frågor). Står bolaget inför stora investeringar kanske det är bäst att låta pengarna vara kvar i verksamheten, men oftast brukar policyn vara att cirka hälften av vinstmedlen delas ut till ägarna. Denna utdelning, kupong, brukar normalt skiftas ut på våren. Storleken varierar kraftigt – från 0 procent till cirka 6 procent i förhållande till aktiekursen, det som kallas direktavkastning. Snittet ligger på cirka 3,5 procent för Stockholmsbörsens större bolag.

Detta kan låta försumbart i sammanhanget. Vad är några ynka procent i förhållande till kursraketer som går upp flera hundra procent på några år? Det låter närmast som felräkningspengar.

Men där har du fel. Över tid innebär några procents extra avkastning att din förmögenhet växer kraftigt. Om den genomsnittliga kursuppgången i din portfölj varit ungefär 10 procent per år de senaste 30 åren skulle utdelningarna innebära att du ökar avkastningen med ungefär 35 procent per år när du adderar "kupongerna" till kursuppgången (tittar vi på de senaste 10 åren skulle utdelningsdelen av totalavkastningen bli ännu högre).

I diagrammet på nästa uppslag ser du kurvorna för två index, ett som visar hur börskurserna i genomsnitt utvecklat sig varje år och ett som visar hur förmögenheten skulle ha utvecklats om du återinvesterade 100 procent av de årliga utdelningarna. Diagrammet talar för sig själv – på lång sikt blir skillnaden i avkastning monumental.

The Power of Dividends

I diagrammet ser du två kurvor, en som visar den genomsnittliga prisutvecklingen på Stockholmsbörsens noterade bolag (SIX Generalindex, SIXGI), och en där 100 procent av de årliga utdelningarna är inkluderade i avkastningen (SIX Return Index, SIXRX). Över tid blir skillnaden enorm: inkluderar vi utdelningarna till kursuppgången blir avkastningen ungefär dubbelt så hög mätt från 1996 till mars 2021.

Lärdomen är att vi inte ska underskatta effekten av ”några ynka procents” extra avkastning varje år. Men också att vi måste vara observanta när banker och fondförvaltare jämför avkastningen på sina respektive fonder med hur marknaden utvecklat sig – oftast ser man nämligen just prisindex som jämförelse vilket inte blir helt rättvisande.

De stora och snabba klippen kan du göra genom att investera direkt i aktier och sälja dem när de stigit. Men det förutsätter att du hittar rätt bolag, har rätt tajming och mycket tur. Genom att ha ett längre tidsperspektiv och förstå värdet av kontinuerliga utdelningar som du återinvesterar kan du lyckas bygga upp enorma värden utan att behöva ta onödigt stor risk eller ens lägga ner tid på att hitta de riktiga kursraketerna. Det är något vi ska ta fasta på i den här boken. Att skapa en aktieportfölj med höga och tillförlitliga utdelningar är lite som att bygga sin egen sedelpress. Pengarna sätts in på ditt konto oavsett om du ligger i hängmattan eller är på golfbanan. Jag brukar tänka på det som att kapitalet arbetar för mig, istället för att jag arbetar för kapitalet. Och det är just det resonemanget som ligger till grund för den andra delen i investeringsraketen som vi kommer till lite längre fram i boken, den jag kallar just ”Bygg din egen sedelpress”.

Fonder

Utöver direktinvesteringar i aktier finns det fler sätt att tjäna pengar på börsen. En majoritet av Sveriges befolkning äger andelar i fonder, antingen genom ett direkt sparande eller genom ett passivt pensionssparande. Intressant nog är svenskar världsmästare på fondsparande, något som grundlades då de så kallade allemansfonderna lanserades under 1980-talet. Den goda tanken var att allmänheten skulle få mer inflytande över bolagen – fonderna var en förlängning av de hårt kritiserade löntagarfonderna där delägandet låg hos fackförbunden.

Fonder kan ge bra riskspridning och möjliggör praktiskt månadssparande. Samtidigt överlåter man investeringsbesluten till personer som man skulle hoppas gör jobbet bättre än en själv. Fondförvaltarna tar bra betalt för sina tjänster. För vanliga så kallade aktivt förvaltade fonder ligger avgifterna normalt mellan 1 och 2,5 procent per år, en kostnad som utgår oavsett resultatet av förvaltningen. Så länge de presterar bättre än vad du själv kunde ha gjort är det lätt att motivera avgifterna. Kruxet är bara att de mycket sällan lyckas göra det. I alla fall om man mäter över några år.

Förklaringen till det skrala resultatet är enkel: de flesta fonder är stora och har så många innehav att de utvecklas ungefär som börsens genomsnittliga index. Drar man då ifrån de årliga fondavgifterna är det ganska självklart att resultatet blir sämre än vad man skulle hoppas på. Och historiken talar för sig själv: inte ens två av tio aktivt förvaltade fonder har presterat bättre än index under de senaste tio åren. Pengarna har istället hamnat hos fondförvaltarna och deras nätverk av säljare som tar betalt oavsett hur de presterar i förvaltningen. Bara under 2016 tog branschen ut hisnande 35 miljarder i fondavgifter – för en prestation som är allt annat än godkänd. För dig som investerare får det stora konsekvenser. Den bistra sanningen är att många privatpersoner går miste om hundratusentals, kanske miljontals kronor, när det handlar om långsiktigt sparande. Pengar som du skulle kunna ha lagt på många goda middagar, karibiska kryssningar och golfrundor på ålderns höst.

Indexfonder

Just av det skälet börjar istället en annan typ av fonder ta en allt större del av marknaden, de som kallas för indexfonder. Utgångspunkten är att de ska spegla den genomsnittliga börsutvecklingen så exakt som möjligt genom att låta datorer sköta handeln. Kostnaderna blir därmed avsevärt lägre och fondavgifterna likaså. Istället för att betala 1–2,5 procent i årlig kostnad ligger avgiften på några tiondels procent, för vissa fonder är den till och med 0 procent. Med tanke på att historiken gång på gång visat att de aktivt förvaltade fonderna som grupp inte lyckats bättre än genomsnittet är det lätt att förstå varför indexfonderna vunnit terräng och kommer att fortsätta öka från dagens nivå som motsvarar ungefär 15 procent av svenskars totala sparande i fonder. Den insikten är precis det vi ska ta som utgångspunkt när vi bygger upp vår långsiktiga sparportfölj. Basen i investeringsraketen handlar om att lägga upp ett smart, månatligt sparande i en indexfond, eller i en handfull investmentbolag, med minimala kostnader för dig som placerare. Vid det här laget har vi lärt oss att även små skillnader i avkastning ger stora skillnader över tid.

I dag sparar hela 85 procent av svenskarna mellan 18 och 74 år i fonder på ett eller annat sätt. Vanligast är att man sparar i premiepensionssystemet, vilket 73 procent av oss gör. Men hela 71 procent fondsparar även utanför detta sparande.

Antalet fonder har vuxit kraftigt de senaste decennierna. Numera finns det ungefär 2 000 fonder att välja mellan bara på den svenska marknaden. Det är ungefär tre gånger fler än antalet enskilda aktier.

Exchange Traded Funds (ETF) – börshandlade fonder

Börshandlade fonder, eller ETF:er, är en relativt ny företeelse på den svenska marknaden och ska på goda grunder nämnas i det här sammanhanget. Lite förenklat kan man säga att de är som vanliga fonder med den stora skillnaden att de prissätts och handlas på börsen – i motsats till vanliga fonder vars värde bestäms en gång per dygn genom att räkna ut värdet på fondens tillgångar. Fördelen med ETF:er är alltså att de handlas kontinuerligt över dagen och därmed kan erbjuda bättre likviditet än vanliga fonder (som köps och säljs en gång per dygn).

Som regel följer ETF:er ett särskilt index och har låga avgifter, normalt mellan 0,2 och 0,4 procent per år. I takt med att populariteten för ETF:er ökat har också utbudet blivit större. Numera kan man hitta mycket specifika inriktningar på olika marknader, råvaror eller korgar av enskilda aktier. Tror du till exempel att priset på guld kommer att öka framöver finns det ETF:er som speglar just detta.

När du köper och säljer andelar i en ETF betalar du, i motsats till de flesta fonder, courtage precis som när du köper en vanlig aktie. Det brukar också vara en differens på någon tiondels procent mellan köp- och säljkurs.

Vi har nu bekantat oss med ett antal instrument som är en förutsättning för att du ska komma igång med ditt sparande – från direktägande av aktier till olika varianter av fonder. Låt oss ha det som ett avstamp när vi går vidare och försöker lära oss hur proffsen resonerar för att maximera sin avkastning i portföljen.

”Regel nummer 1:
Förlora aldrig pengar.
Regel nummer 2:
Glöm aldrig regel
nummer 1.”

Warren Buffett

”Du behöver inte vara raket-
forskare. Investeringar är inte
ett spel där killen med IQ 160
slår killen med IQ 130.”

Warren Buffett

”How many millionaires do
you know who have become
wealthy by investing in savings
accounts? I rest my case.”

Robert G. Allen

ANDRA SÄTT ATT TJÄNA PENGAR PÅ BÖRSEN

Finansmarknadens ingenjörskonst är imponerande och det dyker ständigt upp nya instrument och placeringsalternativ. Ett bra råd är att undvika merparten av dem; antingen är de förknippade med höga risker – eller är de paketerade på ett sätt för att maskera dolda kostnader. Här kommer ett urval:

Köpoptioner

Rätt (men inte skyldighet) att köpa exempelvis en aktie till ett förutbestämt pris inom en viss period. För en begränsad investering kan du därigenom få enorm utväxling på din investering om aktien stiger i värde. Men risken är hög – om aktiekursen inte går över det så kallade lösenpriset innan optionen förfaller blir den värdelös. Man kan också sälja – utfärda – köpoptioner. Det innebär att du, mot en ersättning (optionspremien), förbinder dig att sälja aktier till det givna priset. Äger du de underliggande aktierna kallar man detta för att göra en *covered call.*

Säljoptioner

Rätt (men inte skyldighet) att sälja exempelvis en aktie till ett förutbestämt pris inom en viss period. Om du äger de underliggande aktierna kan säljoptionen fungera som en försäkring mot kraftiga kursfall. Om du inte äger aktierna blir säljoptionen istället en spekulation om att aktien ska falla i pris och du hoppas tjäna pengar på det. Precis som i fallet med köpoptioner kan man utfärda säljoptioner. Det innebär att du mot en ersättning förbinder dig att köpa aktien till det bestämda priset inom den givna perioden, vilket naturligtvis innebär en stor risk om marknaden går ner.

Warranter

Numera använder man ”warrant” som ett samlingsnamn för optioner med lång löptid. Tekniskt klassas dessa som värdepapper, till skillnad från optioner som är ett avtal.

Indexobligationer

Indexobligationer är ett exempel på en *strukturerad produkt* som bankerna älskar att marknadsföra. Alla varianter är olika, men ett vanligt upplägg kan vara man kombinerar en obligation med en option. Exempel: Om priset är 1 000 kronor så investeras 900 kronor i en obligation med säker ränta och resten i optioner. När indexobligationen förfaller (t.ex. efter 5 år) har obligationen förräntat sig och är nu värd 1 000 kr. Har marknaden gått upp under tiden får du en värdeökning genom optionen. Har marknaden fallit är optionen värdelös, men du får tillbaka hela det satsade beloppet tack vare värdeökningen i obligationen.

Man förstår att denna typ av indexobligation är lätt att marknadsföra – efter fem år får du som sämst tillbaka det satsade beloppet, men har samtidigt möjlighet tjäna pengar om marknaden utvecklar sig rätt. Sanningen är inte lika vacker. Glöm inte bort att inflationen automatiskt urholkar en del av värdet under perioden, i dagens penningvärde får du inte tillbaka lika mycket som du satsade. Det är också närmast omöjligt att läsa sig till vilka kostnader som är dolda i produkten, eftersom vi inte vet vad det bakomliggande institutet betalat för de olika delarna i paketet. För att ytterligare förvärra utgår det dessutom oftast höga courtage när man köper aktieindexobligationer, och än värre blir det om man försöker sälja dem i förtid. Ett gott råd är att undvika dem helt.

Blanka – att sälja aktier man inte äger

Ibland hör man begreppet ”att blanka en aktie”. Det innebär i praktiken att man, mot en liten avgift, lånar någon annans aktier och säljer dem på marknaden. Går kurserna ner kan man köpa tillbaka samma antal aktier till ett lägre pris och ”lämna tillbaka dem”. Därigenom har man gjort en stor förtjänst med en minimal insats. Risken är naturligtvis att aktiekursen stiger – då blir du istället tvungen att köpa tillbaka dem till ett högre pris och riskerar enorma förluster.

”If stock market experts
were so expert,
they would be
buying stock,
not selling advice.”

Norman Ralph Augustine

”Stocks are bought on expectations, not facts.”

Gerald M. Loeb

”Om du inte är villig att äga en aktie i tio år, tänk inte ens tanken på att äga den i tio minuter.”

Warren Buffett

Hur arbetar proffsen?

HUR SKA MAN DÅ BÄRA SIG ÅT för att maximera avkastningen i sin sparportfölj utan att ta onödigt stora risker? Vad kan vi lära oss av de verkliga proffsen, de som lyckats få kontinuerligt hög avkastning på sina portföljer år efter år? Hur ska vi uppnå det som i teorin inte borde vara så svårt, men i praktiken är allt annat än lätt? Innan vi kommer till den konkreta strategin – investeringsraketen – som är central i den här boken, låt oss snegla på ett antal råd som är bra att ha med sig i bagaget innan vi sätter igång på allvar.

Det första som är uppenbart är att det florerar en mängd "råd" till dig som ska investera. Finansmarknaden med alla dess mäklare, analytiker och skribenter överöser oss dagligen med tips om vad man bör investera i. Mer sällsynt är däremot säljråd, vilket är ett intressant fenomen sannolikt kopplat till den mänskliga egenskapen att det är tråkigare att vara negativ. Min erfarenhet är att det går ungefär fyra köpråd på varje säljråd när du läser en tidning som handlar om aktiemarknaden. Oftast klär man säljrekommendationerna i diffusa begrepp som ”avvakta”, ”minska” eller ”undervikta” – begrepp som inte självklart är synonyma med tanken på att man ska kasta sig på säljknappen och likvidera innehavet. Ännu mer svårbegripligt är ordet ”behåll” som egentligen kan betyda lite vad som helst. Personligen är jag övertygad om att analytikerna helt enkelt inte vill göra sig ovän med företagsledningen i bolagen som de egentligen är negativa till – och därför maskerar man gärna med mildare uttryck.

När du ska investera pengar kommer du att få en mängd ”kloka råd” från rådgivare om fonder eller så kallade strukturerade produkter som – enligt deras åsikt – särskilt borde passa din riskprofil. Har du ett större sparkapital låter du dig kanske smickras av fagert tal om kapitalförvaltning eller private banking-tjänster som ger access till en lite finare del av banken. Och hur ofta har man inte blivit uppringd av telefonförsäljare som säger sig representera oberoende finansbolag som vill boka in dig på informationsmöten om hur du kan lägga om ditt pensionssparande?

Ett gott råd är att du ska vara ytterst skeptisk till denna typ av rådgivning. Höga (och ofta dolda) avgifter riskerar att äta upp en stor del av din avkastning. Hela poängen med denna bok är att du ska lära dig – och ha modet – att sköta dina investeringar själv och därmed få bättre avkastning på ditt kapital. Eller åtminstone förstå vad alla rådgivare försöker sälja till dig. Precis som när det handlar om investeringar i enskilda aktier gäller grundregeln för allt sparande – även när det kommer till säljarnas glättiga marknadsföringsbroschyrer – att du förstår vad du investerar dina surt förvärvade slantar i.

PRIVATE BANKING – EN DYR MEDLEMSKLUBB?

Alla banker med självkänsla erbjuder förmögna kunder en lite mer exklusiv tjänst som de kallar private banking. Ofta ska man ha ett sparkapital på 5 mkr eller mer. Som medlem i denna exklusiva klubb får man träffa privatrådgivare som har ett lite större kontor och skönare fåtöljer än de andra. Man blir inbjuden till investerarträffar och sociala evenemang. Självklart är tanken att ge dig goda råd och en bra översyn över ditt sparande och riskprofil, och låta dig slippa tänka mer på hur du ska förvalta ditt kapital. Tveklöst finns mycket kompetens och erfarenhet bland just dessa private bankers. Men syftet är också att banken ska tjäna pengar på ditt sparande. Och det visar sig ofta bli en hel del.

Det många inte tänker på är att den där tjusiga golfrundan, som inte sällan ingår i paketet, blir osannolikt dyr när man räknar ihop alla avgifter som försvinner längs vägen, varav många inte annonseras med den tydlighet man skulle önska.

Som grundavgift brukar private banking-tjänster innebära att årlig förvaltningsavgift på 1 procent av ditt sparkapital. Hade det stannat vid den avgiften skulle det möjligen kunnat vara acceptabelt, du får ju trots allt glädjen av att tillhöra bankens spar-elit. Men problemet är att det tillkommer avgifter i flera led. Efter att ha gått igenom ditt sparande kommer ni sannolikt fram till att en del av pengarna ska investeras i en korg av fonder – som också inkluderar årliga avgifter för förvaltningen (oftast på minst lika mycket). En ytterligare del av din förmögenhet ska kanske direktinvesteras i aktier – och om du godtar rådgivarens många förslag är han (det är oftast en man) snabb att hjälpa dig med att lägga in köp- och säljordrar, för vilket du betalar ett courtage. Det visar sig att dessa köp- och säljavgifter inte alltid genomlidit samma grad av prispress som om du skulle ha lagt ordern själv. Istället för att betala några promille på beloppet kan avgifterna mycket väl ligga på en halv procent varje gång du köper *eller* säljer en aktie, det vill säga fem gånger högre än vad du skulle betala om du gör jobbet själv. Har du dessutom valt det som kallas diskretionär förvaltning där du överlåter ansvaret för hela sparbeloppet till din private banker ger du honom rätten att efter eget bevåg köpa och sälja dina aktier och fonder så mycket och ofta han vill – där varje transaktion är förknippat med en kostnad.

Föga förvånande är dessa rådgivare till stor del kompenserade genom bonusar och provision, vilket gör att man kan misstänka att det ligger i deras intresse att köpa och sälja oftare än du själv hade tänkt göra, allt för att öka provisionsunderlaget. Kanske blir du dessutom rekommenderad att samla allt ditt sparande i en så kallad kapitalförsäkring. Dessa kostar normalt också 1–2 procent i årlig avgift på ditt sparande, ibland mer. Summa summarum: räknar du ihop avgifterna i alla led (i den mån du överhuvudtaget lyckas göra det) kommer du snabbt fram till att den tjusiga lunchen blir den dyraste du någonsin ätit. Det är inte ovanligt att över 3–4 procent av din förmögenhet försvinner i olika avgifter varje år i bara avgifter. På ett kapital på 5 mkr kan det bli ett par hundra tusen kronor i ”årlig medlemsavgift”.

MOTSTRIDIGA BUDSKAP – INVESTERARENS DILEMMA

Som investerare möts man ofta av råd som kan uppfattas som direkt motsägelsefulla. Här kommer ett axplock som ytterligare bidrar till förvirringen.

- Tänk långsiktigt – men gift dig inte med dina innehav.
- Våga tänka annorlunda – men gå inte emot trenden.
- Fokusera ditt sparande – men ha en god riskspridning.
- Var fullinvesterad – men se till att ha torrt krut kvar vid nedgångar.
- Var försiktig med belåning – belåning kan ge dig hävstång i portföljen.
- Lyssna på proffsen – men följ din egen magkänsla.
- Utgå från fundamental analys för att hitta vinnare – använd teknisk analys för att pricka tajmingen.
- Sell in May and stay away – köp till nypotatisen och sälj till kräftorna.

Lärdomar från de verkliga finansmatadorerna

För att själv bli en framgångsrik investerare är det förstås klokt att lära sig av de som verkligen lyckats över tid. I sådana sammanhang brukar alltid namn som de amerikanska superinvesterarna Warren Buffett, Peter Lynch, Benjamin Graham och Walter Schloss nämnas, för att bara ta några. Frågan är förstås vad de har gjort så mycket bättre än alla andra? Hur lyckas de överträffa marknaden över tid – och varför förtjänar de att nämnas med aktningsvärda röster i böcker som denna?

Studerar man deras investeringsfilosofi kan vi dra ett antal viktiga slutsatser:

- De flesta klassificerar sig själva som så kallade ”värdeinvesterare”, vilket innebär att de letar efter bolag som de kan köpa ”billigt” i förhållande till dess verkliga värde. De är med andra ord experter på att förstå skillnaden mellan pris och värde och lägger ner mycket tid på att räkna ut vad ett bolag borde vara värt för att kunna jämföra det med priset som aktierna handlas i på marknaden.
- De arbetar i första hand med så kallad fundamental analys – snarare än teknisk analys. Det vill säga, de utgår från företagens egna och framtida förutsättningar, snarare än historiska kursrörelser som vägledning för att bedöma ett företags ”korrekta marknadsvärde”.
- De agerar långsiktigt utifrån en köp-och-behåll-strategi.
- De känner bolagen väl och förstår vad som driver tillväxt och lönsamhet i verksamheten.
- De fokuserar ofta sina placeringar till ett relativt begränsat antal innehav.
- De tycks vara immuna mot psykologiska stormar på börsen och ser tillfälliga nergångar som bra köptillfällen.

- De är generellt väldigt kostnadsmedvetna och förstår innebörden av ränta-på-ränta-effekten för att få bra avkastning över tid.
- De har en tydlig investeringsfilosofi och håller fast vid den utan att låta sig påverkas av marknadens kortsiktiga rörelser.
- De har en förmåga att minimera förluster i portföljen när marknaden går nedåt och är försiktiga med belåning.

Alla dessa råd kan tyckas självklara. Och på många vis är de också det. Men i verkligheten inser man snabbt att det inte är lika enkelt. Att ”investera när det flyter blod på gatorna”, för att upprepa ett vanligt mantra från dessa värdeinvesterare kräver ett starkt psyke. Lika svårt är det att inte själv bli girig när resten av marknaden också är det. Liksom att bemästra den komplexa definitionen av just bolagsvärdering, något som vi ska kika på lite närmare senare i boken.

Tio gyllene råd för att bli en bättre investerare

För att ändå komma fram till hur du ska agera för att bli framgångsrik på aktiemarknaden låt oss börja med ett antal praktiska råd som blir en utgångspunkt när vi bygger upp vår portfölj. De första fem av dessa råd, ”gyllene regler”, var jag med och arbetade fram under min tid i föreningen Unga Aktiesparare för många år sedan. De är i allra högsta grad fortfarande relevanta. Därtill har jag kompletterat med ytterligare fem insikter som jag anser är viktiga ingredienser för att bli lyckosam över tid. Dessa totalt tio råd får bli en praktisk handbok för hur vi ska resonera när vi skapar vårt långsiktiga framgångsrika sparande och ligga till grund för den investeringsraket och de portföljmodeller som vi kommer till i följande kapitel.

1. Förstå vad du köper

Sätt dig in i bolagets verksamhet och försök bilda dig en uppfattning om bolagets potential att växa och generera vinster. Förstår du själv vad företaget gör, tycker du dess produkter eller tjänster är bra? Glöm aldrig att en aktie är en del av bolaget – presterar företaget bra så kommer du i slutändan att se värdet på dina aktier öka. Förstår du inte vad företaget sysslar med kanske du inte heller bör lägga en massa pengar där. Föreställ dig hur mycket tid vi normalt lägger ner när vi ska köpa en tv, en ny dator eller en dammsugare; vi jämför modeller, prestanda och kvalitet, läser omdömen från andra och så vidare. En investering i aktier innebär normalt avsevärt större belopp än att köpa en ny tv – rannsaka dig själv om du gör samma läxa när du ska välja aktier innan du bestämmer dig. Tänk på att aktiemarknaden inte erbjuder öppet köp, du kan inte lämna tillbaka aktierna om du ångrar dig.

2. Håll dig informerad

Som delägare i en verksamhet bör du naturligtvis vara angelägen om att hänga med i vad som händer i företaget. Lanserar man nya modeller, expanderar man till nya marknader, har du förtroende för hur bolaget drivs, köper eller säljer företagets nyckelpersoner aktier i egna bolaget? Det är några exempel på nyheter som kan vara bra att hålla koll på av det enkla skälet att det påverkar bolagets värde och därmed värdet på dina aktier.

Att hålla sig uppdaterad tar förstås lite tid och därför är det bra att välja bolag som du faktiskt tycker är intressanta att följa, och inte ha alltför många bolag i din portfölj.

3. Spara långsiktigt

Riktigt framgångsrika investerare väljer aktier med stor omsorg och har därefter för avsikt att äga aktierna under lång period. Undvik det vanliga nybörjarmisstaget att sälja aktier som går bra för tidigt för att "ta hem vinsten" samtidigt som du "gifter dig med aktier" som går dåligt.

Det finns ingen absolut definition av begreppet långsiktighet, men ofta avser man 1 år eller längre. Bättre vore att utgå från en hel konjunkturcykel när vi pratar om 'lång sikt'. Historiskt visar det sig att det motsvarar en period på ungefär 7 år. Är din investeringshorisont längre än så kommer risken i ditt sparande att minska eftersom du fångar in såväl upp- som nedgångar på marknaden. Och ju längre tidshorisont du har, desto mindre betydelse får frågan om aktierna är rätt prissatta just idag. Ett bolag vars vinst per aktie växer med exempelvis 15 procent per år under många år framåt innebär i praktiken att aktien kommer att avkasta lika mycket, även om du möjligen har betalat "för mycket" vid köptillfället. På lång sikt är det en universell lag att bolagets avkastning på eget kapital och aktiekurs kommer att följas åt.

Har du en lång horisont på dina investeringar innebär det också att du undviker onödiga avbränningar i skatt och courtage. Du låter hela beloppet att arbeta för dig i positiv riktning.

4. Investera regelbundet

Att tajma uppgångar och nergångar är en närmast omöjlig uppgift. Tvärtom är min erfarenhet att avkastningen snarast blir sämre när vi försöker vara översmarta. Det är lika bra att acceptera att ingen av oss är immun mot de starka psykologiska faktorer som styr oss – när alla är positiva är det lätt att ryckas med i köpkarusellen, och när tidningarna matar oss med negativa rubriker ska det mycket till för att gå emot strömmen. Att tro att man kan pricka de lägsta kurserna när man köper, eller de bästa priserna när man säljer är bara naivt. Men inte heller ska du helt ge upp och investera hela ditt belopp på en och samma gång, det kan också bli en dyrköpt läxa.

Dela istället upp ditt investeringsbelopp över en tid, exempelvis ett halvår eller ett år. Nyckeln är att du investerar lika stora belopp vid varje tillfälle.

Låt mig illustrera med ett enkelt exempel. Utgå från att du har ett sparbelopp på 30 000 kronor och har bestämt dig för att investera dem i en särskild aktie. Istället för att placera allt på samma gång delar upp beloppet i tre lika stora delar och investerar 10 000 kronor per tillfälle. Initialt kostar aktien 100 kr. Vid andra köptillfället har kursen rusat till 200 kronor. Vid sista tillfället har kursen backat till 150 kronor.

Vad blir det genomsnittliga inköpspriset? Kanske svarar du 150 kronor, det är den genomsnittliga kursen vid de tre tillfällena. Det korrekta svaret är 138 kronor. Skälet är förstås att du fick fler aktier för dina 10 000 kronor när aktien kostade 100 kr än när den kostade 200 kronor. För dina 30 000 kronor har du totalt köpt 222 aktier.

Visst hade du gjort en bättre affär om du hade lyckats pricka in det lägsta priset, men risken är väsentligt större att du hade köpt när kursen stod i 200 kronor. Det är oftast då som bolaget får mest uppmärksamhet i media och alla pratar om vilken god investering just den aktien är. Genom att sprida ut köpen över en längre period lyckas du helt enkelt komma ner i genomsnittligt inköpspris, förutsatt att du investerar samma belopp varje gång.

Courtage – kostnaden när du köper och säljer

De flesta mäklare tar ut en avgift, courtage, på mellan 0,06 och 0,20 procent på hela beloppet när du köper och säljer. Minimiavgiften varierar mellan 0 och 99 kronor beroende på vilken sparprofil man har. Jämför priserna mellan olika mäklare innan du bestämmer dig för var du ska göra dina affärer, det vill säga var du öppnar ditt värdepapperskonto eller depå. Oftast ligger nätmäklarnas avgifter lägst.

5. Begränsa risken genom att sprida innehaven

När du investerar i aktier tar du per definition en risk. Bolaget kan utvecklas sämre än beräknat, aktien sjunka i värde och du förlorar pengar. Men genom att sprida riskerna mellan flera bolag och i olika branscher sänker du risken i hela portföljen.

Teorin bakom den så kallade moderna portföljteorin, MPT, är väl dokumenterad och dess upphovsman, den amerikanske ekonomen Harry Markowitz, kröntes med ekonomipriset till Nobels minne år 1990. En av grunderna i modern portföljteori är att investerare vill undvika risk; Om man förväntas få samma avkastning från två olika investeringar så väljer man den med lägst risk. Accepterar högre risk gör man enbart mot förväntad högre avkastning.

För dig som investerare definieras risk i praktiken som sannolikheten att du ska förlora pengar på din placering. I ekonomernas värld brukar risk definieras som volatiliteten, hur mycket priset varierar över tid. Vad Harry Markowitz visade med sina modeller var att man med en portfölj på så få som åtta aktier i olika branscher lyckas radera ut mycket av den enskilda aktiens kursrisk – när någon aktie går ner går en annan upp. Sett till hela portföljen blir alltså volatiliteten avsevärt lägre. Har du tillräckligt många olika aktier kommer din avkastning till slut att bli densamma som för hela börsen, det säger sig självt. Men redan i en portfölj med aktier i 8–10 olika bolag har du gjort dig av med en stor del av "risken" i de enskilda aktiernas kursförändringar.

Viktigt att tänka på är att ha en bra spridning mellan olika branscher. Att enbart sitta med exempelvis fastighetsaktier ger självklart inte särskilt bra riskspridning. Om räntan går upp och fastighetspriserna sjunker kommer alla bolag i branschen att gå ner. Bättre blir det förstås om du lyckas välja bolag som har försäljning på olika marknader och befinner sig i olika delar av konjunkturcykeln. Att ha en del av dina besparingar i ett investmentbolag som sprider ut kapitalet på flera innehav ger med andra ord en automatisk riskspridning som kan vara en välkommen bas i ditt sparande.

Att sprida riskerna över många enskilda aktier måste avvägas mot att inte ha fler innehav än du känner att du vill och kan följa, allt för att följa den andra gyllene regeln om att hålla dig informerad om dina innehav.

Riskspridning även med mindre belopp

Aktieinvest (ett bolag som ägs av föreningen Aktiespararna) erbjuder en variant av sparande där man istället för att ange antal aktier man vill köpa (eller sälja) utgår från ett fast belopp utan hänsyn till vad själva aktien kostar, du får istället andelar av aktier som motsvarar det angivna beloppet. Därmed kan man bli delägare i ett större antal företag och få bra riskspridning även med mindre kapital. Genom Aktieinvest kan du också göra månatliga överföringar, trots att du köper andelar i enskilda aktier. Med andra ord en praktisk tjänst för att tillgodose såväl riskspridning mellan aktier som över tid.

6. Underskatta inte ränta-på-ränta-effekten

Den världsberömde fysikern Albert Einstein sägs ha sagt att "ränta-på-ränta-effekten är världens åttonde underverk, det är svårt att förstå hur mäktig denna effekt är över tid". Och det är något som du som investerare verkligen ska ta fasta på.

Principen är lika tilltalande som den är enkel. Om du har sparat ihop ett startkapital och förvaltar det med en bra avkastning som successivt återinvesteras så kommer den positiva avkastningseffekten att bli större och större för varje år som går.

Låt oss exempelvis leka med tanken att du lyckas investera i en aktie som går upp med 15 procent per år. Tack vare ränta-på-ränta-effekten har ditt investerade belopp dubblats redan efter 5 år. På tio år har din portfölj ökat med hela 305 procent. Och skulle du lyckats pricka en aktie som avkastar lika mycket över 20 år, ja då har ditt portföljvärde ökat med makalösa 1 537 procent. Det blir alltså en exponentiell utveckling som är så snabb och mäktig att den blir nästintill ogripbar, för att recitera Einstein. Det fungerar ungefär som sagan om bonden med schackbrädet, om du minns den från när du var liten.

7. Minimera skatter och avgifter

Med tanke på hur avgörande det är att du låter hela ditt kapital arbeta för dig under lång tid är det viktigt att tänka på skatteeffekterna av ditt sparande. Du vill förstås ta tillvara den mäktiga ränta-på-ränta-effekten på hela ditt sparbelopp.

I Sverige är kapitalskatten för närvarande 30 procent. Det innebär att varje gång du gör en kapitalvinst – genom att sälja dina aktier till ett högre pris än vad du köpte dem för eller när du får utdelning – ska du betala 30 procent i skatt på vinsten. Kvar blir

70 procent som du kan återinvestera i nya placeringar. Det är dåliga nyheter för att maximera din förmögenhet.

Numera finns det ett smartare sätt att göra sina affärer – genom det som kallas ISK, investeringssparkonto. Istället för att ta upp vinster och utdelningar till beskattning dras automatiskt ett årligt schablonbelopp på ditt portföljvärde som i dagsläget motsvarar ca 0,4 procent av värdet (beloppet är knutet till ränteläget och kommer att gå upp när räntan stiger). Den stora fördelen med ISK är att du kan återinvestera hela din vinst istället för 70 procent. Dessutom blir det avsevärt enklare att deklarera eftersom du inte behöver redovisa de olika affärerna i deklarationen. Men det finns också en nackdel: skulle du göra förluster i dina innehav får du inte kvitta dem mot vinster eller andra inkomster i din deklaration samtidigt som schablonskatten dras även när kurserna går ner. Dessutom finns det vissa begränsningar i vilka placeringar man kan göra genom sin ISK – men inte så länge du håller dig till marknadsnoterade aktier och fonder.

På samma sätt fungerar en kapitalförsäkring som du kan använda om du investerar genom ett bolag. Det är samma schablonskatt och fungerar på ungefär samma sätt med de för- och nackdelar som jag beskrivit ovan. Men om du väljer en kapitalförsäkring måste du se upp med eventuella avgifter som banken tar ut, utöver den statliga schablonbeskattningen. Just kapitalförsäkringar har under många år varit en guldgruva för banker och försäkringsbolag som tagit ut årliga avgifter på 1–2 procent av portföljvärdet. Med tanke på att bland annat nätmäklarna numera erbjuder avgiftsfria kapitalförsäkringar finns det absolut ingen anledning att välja en lösning som innebär extra avgifter för dig.

Det är lika lätt att öppna ett investeringssparkonto som en vanlig depå genom din bank eller nätmäklare. Och särskilt viktigt är det om du gör många affärer och där skatteeffekten på reavinsterna skulle bli betydande.

På samma tema gäller naturligtvis att du ska minimera alla andra avgifter som är förknippade med ditt sparande, inte minst förödande fondavgifter som äter upp en stor del av din avkastning. Men det har vi redan varit inne på så låt oss inte lägga mer tid på det.

8. Var försiktig med belåning

Att ta lån för att investera i aktier är något som de flesta avråder ifrån. På goda grunder. Belåning är ett tveeggat svärd som ger dig en hävstång när aktiekurserna går upp, men samtidigt får dina förluster att galoppera när marknaden går ner. Har du belånat dina aktier för att finansiera nya köp kan du bli tvingad att tvångssälja dessa på botten för att täcka kapitalkraven. I större bolag kan man normalt belåna aktierna med 70 procent på det aktuella värdet. Går kursen ner måste du hitta nya säkerheter – eller sälja aktierna – för att täcka kapitalkravet. Och det är just i sådana lägen, när marknaden är som mest nervös, som du inte borde sälja.

Att bygga en förmögenhet på aktier handlar om att tjäna pengar när börsen går upp, men också att minimera förlusterna när marknaden viker. Eller som investeraren Monish Pabrai uttryckte det: ”Heads I win, tails I don't lose that much”. Glöm aldrig att en aktie som rasar 50 procent måste gå upp 100 procent för att vara tillbaka på samma nivå. Är du belånad i ett sådant läge kan det leda till ödesdigra konsekvenser för din portfölj – och dig privat.

9. Bemästra de psykologiska fallgroparna med en förutbestämd strategi

En av de svåraste delarna inom aktiehandel är att veta när man ska köpa och sälja. Det vanligaste felet som många av oss gör är att sälja bra aktier för tidigt, men att fastna med dåliga innehav. Vi är psykologiskt programmerade att gärna "ta hem vinsten" när en aktie gått upp, samtidigt som vi är skickliga på att "glömma bort" innehav som inte är lika framgångsrika. Avkastningen blir ofrånkomligen ganska usel med den strategin. Och personligen har jag med åren snarast kommit att acceptera att det inte går att tajma sina investeringar perfekt. Däremot finns det sätt att undvika alltför stora misstag.

En bra början är att tänka igenom och skriva ner ett antal förutbestämda regler för hur du ska arbeta med din portfölj. Och försöka hålla dig till dem även i verkliga livet. Exempel på det kan vara vilka branscher och typer av företag du *inte* ska investera i, att aldrig göra en transaktion sent på dagen utan alltid sova på beslutet över natten. Eller bara köpa aktier när marknaden går ner – eller sälja under dagar när kursen går upp (du kommer att märka att det är enklare sagt än gjort).

Ett annan klok strategi är att arbeta utifrån ett systematiserat portföljtänk, där en modell skulle kunna se ut så här: Föreställ dig en portfölj som består av exakt tio olika innehav där investeringarna är jämnt fördelade för att ge en bra riskspridning. Målbilden är att fördelningen ska hållas någorlunda intakt över tid: Inget innehav får utgöra mer än exempelvis 20 procent – eller mindre än 5 procent av portföljvärdet.

I takt med att aktiekurserna går upp och ner förändras följaktligen fördelningen. Sannolikt har något av innehaven visat sig vara en lyckträff samtidigt som något annat utvecklats sämre. För att återskapa balansen i portföljen behöver du justera dina innehav och sälja en del av aktierna i det bolag som rusat i värde, samtidigt som du använder pengarna för att investera i det bolag vars aktier gått ner. Allt för att hålla dig till dina förutbestämda regler för portföljen. Kanske har du också fått upp ögonen för något nytt bolag som du tror kommer att lyckas bättre? Men istället för att addera ytterligare en aktie till gruppen tvingar du dig själv att välja bort någon. Du måste alltså ställa dina favoriter mot varandra och tvingas ta ett aktivt beslut, inte bara att köpa aktier – utan även att avyttra dem. Något som faktiskt är svårare än det låter.

Fördelen med den här typen av portföljtänk är många. Du balanserar riskerna i portföljen genom att aldrig låta något enskilt innehav bli alltför dominerande. Samtidigt ”tvingas” du investera i ett bolag vars kurs gått ner i förhållande till de övriga vilket, så länge som du gjort din hemläxa och tror på företagets förutsättningar att växa, borde ses som ett ypperligt tillfälle att köpa aktierna till reapris. Men framför allt skapar du en struktur för hur du ska arbeta. Istället för att bara lägga till nya aktier till din portfölj måste du tänka igenom beslutet mer i detalj om det tvingar dig att sälja en annan. Du måste utvärdera varje bolag och rangordna dem utifrån deras inbördes kvaliteter och förutsättningar. Samtidigt har du satt upp regler för när du ska sälja en del av aktierna efter en kraftig uppgång, liksom investera i fler när kursen gått ner – regler som inte styrs av psykologiska faktorer utan av ditt eget förutbestämda regelverk.

För att inte fastna med en portfölj av tråkiga, underpresterande bolag som aldrig tycks infria de förväntningar du har på utvecklingen bör du också ibland – kanske en gång per år – utgå från principen att samtliga innehav ska ifrågasättas. Du ska inte behålla en aktie om du inte längre tror att den utvecklas bra framöver, enbart av det skälet att du redan äger den. Däremot är det förstås bara en fördel om du återigen bekräftar ditt tidigare beslut om att aktien är köpvärd – och därmed tar ett aktivt beslut att ligga kvar som ägare. De aktier som finns i just din portfölj ska förtjäna sin plats där – och konkurrensen ska vara tuff för att kvala in.

10. Lär dig skillnaden mellan värde och pris

Kännetecknade för riktigt framgångsrika investerare är inte bara att de förstår innebörden av de råd som nämnts ovan, de är också experter på att skilja på begreppen värde och pris. De är skickliga på att räkna ut vad ett bolag borde vara värt och jämför med vad de enskilda aktierna handlas till på marknaden. Och de utnyttjar skillnaderna för att köpa eller sälja sina innehav med god förtjänst. Det är inte självklart att en aktie i ett snabbt växande och lönsamt bolag är köpvärd bara för att företaget går bra. Marknaden kan ha handlat upp priset på aktierna till så höga nivåer att man istället riskerar att förlora stora summor om inte förväntningarna infrias.

Bolagsvärdering är en komplex historia. Hur kan man säga vad något egentligen borde vara värt? Frågan kan bli närmast filosofisk. Mycket handlar om förmågan att bedöma framtida resultat som vi inte har någon aning om idag. Men likväl finns det ett antal metoder som hjälper oss att svara på frågan. De principer som är vanligast bygger dels på att uppskatta värdet av de enskilda tillgångarna i bolaget, så kallad substansvärdering, där målet är att kunna köpa tillgångarna med rabatt. Dels på att prognostisera framtida kassaflöden i verksamheten, alltså hur mycket pengar som blir kvar när alla nödvändiga investeringar är gjorda – pengar som ska tillfalla ägarna i någon form. Är summan av dessa, framräknat till dagens värde, högre än det aktuella aktiepriset betyder det köpläge. Vanligast är dock att man utgår från bolagets resultat och räknar upp det med en multipel som man kan jämföra med liknande bolag i samma bransch, exempelvis P/E-tal där man jämför aktiepriset med vinsten per aktie och får ett tal som enkelt kan jämföras med andra bolag. Ett lågt P/E-tal skulle enligt det resonemanget kunna vara en indikation på att aktien är lågt prissatt. På samma sätt kan man titta på multiplar av försäljningen, rörelseresultatet och det egna kapitalet, bara för att nämna några.

Ingen av metoderna är perfekt. Minimala förändringar i olika antaganden kommer att ge stora skillnader i beräkningen - vilket är skälet till att vissa analytiker kan tycka att en aktie är köpvärd, medan andra kommer till en helt annan slutsats. Svårigheterna till trots så är förståelsen kring skillnad mellan värde och pris avgörande för att hitta de verkliga guldkornen till aktieportföljen. Och eftersom just detta utgör en egen del av placeringsstrategin i den här boken återkommer vi till värderingsteknikerna lite senare.

Dags att komma igång

Vi har nu sneglat på vilka placeringsstrategier som förenar världens främsta investerare och vi har utrustat oss med ett antal ”gyllene regler” som guidar oss till smartare affärer och bättre avkastning. Låt oss använda dessa som en verktygslåda när vi nu äntligen kommer till det centrala - en strategi för att bygga upp ett långsiktigt och framgångsrikt sparande i tre steg.

”If you don’t study
any companies,
you have the same
success buying stocks
as you do in a poker
game if you bet without
looking at your cards.”

Peter Lynch

”One of the funny things about the stock market is that every time one person buys, another sells, and both think they are astute.”

William A. Feather

Investeringsraketen – vägen till ekonomiskt oberoende

DET HAR BLIVIT DAGS ATT OMSÄTTA teori till praktik. Under de drygt 30 år som jag investerat i aktier har jag gått på mängder av dyrköpta erfarenheter. Men jag har också försökt lära mig längs vägen för att bli en bättre investerare och tycker mig ha hittat en modell som balanserar bra avkastning med rimlig risk. Jag kallar modellen för investeringsraketen.

I korthet går den ut på att dela upp sparandet i tre delar, eller portföljer, som alla utgår ifrån olika strategier: en bas med ett långsiktigt, månatligt sparande utan onödiga avgifter, en påbyggnad med en portfölj som blir en privat sedelpress med hjälp av högutdelande värdepapper, och slutligen en topp där ambitionen är att hitta ett antal guldkorn av tillväxtaktier som kryddar anrättningen.

STOCK-
PICKERN
Hitta guldkornen i portföljen
KUPONGJÄGAREN
Bygg din egen sedelpress med hjälp av hög-utdelande aktier
INDEXKRAMAREN
Långsiktigt, kontinuerligt sparande till låga avgifter

Jag vill redan nu klargöra att detta är min personliga rekommendation, det är så jag själv arbetar och har gjort under många år. De tre delarna är inte avhängiga av varandra och du måste själv bedöma om du vill agera helt utifrån min strategi – eller bryta ut någon av delarna som passar din personlighet och riskprofil bättre. Inte minst får du värdera hur mycket tid du är beredd att lägga ner. Att bli en så kallad stockpicker, det som jag beskriver som del tre av investeringsraketen, förutsätter ett visst engagemang och tidsåtgång från din sida. De två första portföljerna är däremot mer passivt förvaltade och mår nästan bäst av att "glömmas bort" när du väl fått dem på plats.

Viktigast av allt är att totalavkastningen på ditt sparande blir så bra som möjligt utifrån dina förutsättningar. För att vara helt uppriktig: den första delen av modellen är fullt tillräcklig för de allra flesta. Har man inget större intresse av aktiemarknaden, eller begränsat med tid, är det rent av att rekommendera att stanna på det första trappsteget. Det är enkelt att förstå, ger en avkastning som är högre än för en majoritet av alla investerare och fordrar minimal tidsåtgång eller kunskap. Men samtidigt saknar det några åtråvärda element av en optimal kapitalförvaltning – inte minst möjligheten att maximera avkastningen utifrån risken i portföljen.

Steg 1: Indexkramaren – Basen i din sparstrategi

Man måste börja någonstans. Och det bästa sättet att starta vår resa är med ett smart månatligt sparande till låga eller inga avgifter. Ett sparande som sköter sig självt och som du med fördel kan glömma bort under en lång period. Jag kallar strategin för att bli en indexkramare.

Som indexkramare är din målsättning att få en avkastning i nivå med genomsnittet på börsen, varken mer eller mindre (vilket alltså innebär en väsentligt högre avkastning än majoriteten av alla som sparar i traditionella fonder). Idén är att du sätter upp ett sparande som sköter sig självt med hjälp av automatiska överföringar, pengar som dras från ditt konto innan du själv har hunnit sätta sprätt på dem - och utan att du påverkas av psykologiska faktorer som ofta sätter krokben för såväl amatörer som proffs.

För att bli en framgångsrik indexkramare behöver du egentligen bara tänka på tre saker:

1. Välj ett smart sparande med mycket låga eller inga avgifter.
2. Gör investeringarna genom automatiska överföringar.
3. Somna om!

Vad ska jag investera i som indexkramare?

Med tanke på att indexkramarens främsta framgångsfaktor bygger på att inte betala onödiga avgifter som äter upp avkastningen gäller det att tänka klokt från början, valet du gör nu kommer du sannolikt att leva med under en lång period. Utifrån denna närmast maniska kostnadsjakt blir urvalet av sparalternativ också något begränsat.

Två uppenbara alternativ dyker dock genast upp på radarn: Avanzas Indexfond Zero och Nordnets motsvarighet Superfonden. Båda är nämligen helt avgiftsfria - ett sätt för de båda nätmäklarna att sticka ut i konkurrensen gentemot de mer etablerade aktörerna på marknaden.

Avanza Zero speglar Stockholmsbörsens 30 mest omsatta bolag eller indexet som kallas OMX30. Fonden har inga ambitioner på att överträffa index utan ska vara så nära genomsnittet som tekniskt möjligt. Bland dessa aktier finns kända namn som H&M, Volvo, alla storbanker, ABB och Atlas Copco bara för att nämna några. Fonden har inga aktiva förvaltare eller analytiker som har åsikter om placeringarna utan allt sker med hjälp av en dator som kontinuerligt styr hur många aktier som ska köpas respektive säljas för att matcha genomsnittet.

Konkurrerande nätmäklaren Nordnet arbetar på samma sätt men deras fond, Superfonden, speglar istället börsens drygt 70 mest omsatta aktier. Det kan vara en viss fördel. Historien visar att det sällan är de största bolagen som går bäst på lång sikt. Möjligen kan de största bolagen erbjuda något större stabilitet i tider av börsoro, men långsiktigt är det logiskt att det är mindre och medelstora bolag som har potential att bli långsiktiga kursvinnare. Vi får inte glömma bort att även de största bolagen en gång i tiden började med någon enskild entreprenör som startade från noll.

Vill man ha större riskspridning är Avanza Global samt Avanza Emerging Markets två prisvärda alternativ. Utöver nätmäklarnas indexfonder erbjuder i princip alla banker motsvarande produkter, dock med avgifter på mellan 0,2 och 0,4 procent. Rådgivarna är sällan snabba med att presentera dessa alternativ av den uppenbara anledningen att deras vinstmarginal är avsevärt sämre än för de aktivt förvaltade fonderna. Men varför välja en indexfond med avgifter när man kan välja någon utan, det är ju i princip samma produkt. Per definition kan en indexfond med avgifter inte prestera bättre än det index den följer.

Ett alternativ till indexfonderna vore att investera direkt i de investmentbolag som finns noterade på börsen, bolag vars affärsidé utgår från att investera i en handfull andra bolag som de tror kommer att prestera bra i framtiden. Historiskt skulle det ha varit en mycket klok strategi eftersom dessa som grupp presterat bättre än index. Till skillnad från fondförvaltarna tar investmentbolagen rollen som aktiva ägare i sina respektive bolag, vilket sannolikt är en viktig faktor för att de lyckats bra. De har en lång investeringshorisont och är engagerade i styrelsen. Förvisso har investmentbolaget kostnader i form av löner, lokaler och annat, men utslaget på det förvaltade beloppet brukar kostnaderna inte motsvara mer än några promille av investeringarna, vilket historiskt med råge alltså kompenserats genom högre avkastning. Ett attraktivt val för indexkramaren vore därför om man kunde välja en bukett av de olika noterade investmentbolagen, för att därigenom få ytterligare riskspridning.

Dock uppstår vissa svårigheter kring indexkramarens andra utgångspunkt, den om månatliga automatiska överföringar – det låter sig inte göras lika enkelt som med fonderna. Nyligen lanserade företaget Spiltan en fond just med den idén – Spiltan Investmentbolag – med en beskedlig förvaltningsavgift på 0,2 procent, vilket kan kännas aptitligt även för en kostnadsjagande indexkramare. Ett ytterligare alternativ vore att göra automatiska investeringar genom företaget Aktieinvest. Med deras tjänst Andelsspar betalar man en avgift på 10–20 kr per transaktion, vilket skulle kunna vara ett attraktivt alternativ för direktsparande i investmentbolagen.

För att få en riktigt bra riskspridning kan man överväga att även inkludera utländska marknader i sin portfölj. Numera finns det en uppsjö av utländska indexfonder som enkelt kan köpas även från Sverige, avgifterna ligger generellt på mellan 0,2 och 0,4 procent per år. Kanske ska en del av dina pengar satsas med fokus på den amerikanska marknaden, ytterligare en del mot Asien och den kvarvarande delen i någon europeisk indexfond? Inte minst i det växande utbudet av ETF:er, börshandlade fonder, kan du få tillgång till alternativa marknader eller underliggande värdepapper utan att betala särskilt höga avgifter. De flesta mäklare erbjuder numera även automatiskt månadssparande i dessa, vilket är en stor fördel. Mitt råd är dock att börja med Sverige, antingen i någon av de indexfonder jag beskrivit ovan eller genom en portfölj av ett par olika investmentbolag. Det ger en tillräcklig riskspridning som start. Därefter kan du komplettera med mer exotiska inslag i takt med att din portfölj växer.

Ett nyckelkriterium för en framgångsrik indexkramare är alltså att investeringarna sker med automatik. Syftet är att allt ska göras utan att du tänker på det, och innan du hinner konsumera upp lönen (eller barn- eller studiebidraget) på annat. Genom stående överföringar blir du immun mot psykologiska faktorer och investerar även när alla är som mest pessimistiska om framtiden, vilket oftast är precis då som man *borde* investera men sällan gör det. Något som historiskt visat sig vara en mycket bra strategi. Genom att sprida ut dina investeringar har du också fördelen av att den genomsnittliga inköpskursen generellt blir bättre av det enkla matematiska faktum att du får fler aktier eller andelar när kurserna är nerpressade. En bonus, förutsatt att du utgår från någon av fonderna som jag beskrev ovan, är att de årliga utdelningarna – i dagsläget mellan 3 och 4 procent – automatiskt återinvesteras. Även om kurserna inte går upp kommer ditt sparkapital alltså att växa för varje år. Och allt detta händer utan att du lägger ner någon tid på arbetet.

STÖRSTA INVESTMENTBOLAGEN NOTERADE PÅ SVENSKA BÖRSEN

Bure
Creades
Industrivärden
Investor
Kinnevik
Latour
Lundberg
Svolder
Ratos
Traction
Öresund
VNV Global

KÖP INVESTMENTBOLAG MED RABATT

Värdet på ett investmentbolag ska i teorin vara summan av marknadsvärdet på alla innehav i portföljen, det som kallas substansvärdet. Det är dock inte sällsynt att investmentbolagen handlas med rabatt, ibland så mycket som 20–30 procent av substansvärdet. I praktiken betyder det att man kan köpa 1 krona för 80 öre, vilket onekligen känns attraktivt. Förklaringen ligger i att många av investmentbolagen agerar som maktbolag till ägarfamiljer som styrs utifrån en annan agenda än den rent finansiella investerarens. Kanske innehåller portföljen också aktier som du som investerare inte egentligen tycker är så intressanta, men som kommer med på köpet. Därtill kan investmentbolaget äga onoterade bolag, utan dagsaktuella marknadsvärden, som försvårar beräkningen. Substansrabatten tycks också styras av marknadens modenycker. Under perioder är investmentbolag helt enkelt inte i ropet, vilket gör att rabatten ökar. Dessa tillfällen kan du ta tillvara för att göra extra bra investeringar. Sajten IB Index (www.ibindex.se) visar uppdaterade kurser för de olika investmentbolagen med substanrabatt resp premiumvärdering.

Hur mycket ska man investera?

Det är förstås en fråga som var och en måste komma fram till själv. En utgångspunkt kan vara att bestämma sig för en viss procent av lönen efter skatt och boendekostnader. För många känns tanken på att överhuvudtaget få över något till sparande långsökt när pengarna inte tycks räcka till i slutet av månaden. Genom att rannsaka sig själv, ställa upp en enkel budget, spara in på onödiga utgifter som "kaffe på stan", dyra luncher, onödigt spelande eller liknande kan de allra flesta ändå få över en slant varje månad. Ett par hundralappar är en utmärkt början på ett sparande. Tricket är att överföringarna görs innan du fått någon chans att lägga beslag på pengarna – och du därmed tvingas anpassa dig till "vad som finns kvar på kontot". Ibland hjälper det att tänka som en god vän till mig brukar göra när han ska motivera sig själv att spara: När han tittar på en hundralapp konstaterar han att "detta är ingen hundralapp – det är en tusenlapp om tio år".

Hur stor din portfölj blir avgörs naturligtvis av hur mycket du investerar varje månad, vilken avkastning du får och vilken tidshorisont du har. I tabellen nedan ser du resultatet under antagande att den årliga avkastningen (kursvinster inklusive återinvesterade utdelningar) är 8 procent. Det är mer än 4 procentenheter lägre än vad den genomsnittliga utvecklingen varit under de senaste 30 åren (räknat på börsens breda avkastningsindex), men speglar också en tro om lägre inflation och räntenivå än vad vi varit vana vid historiskt. Antagandet utgår från att de årliga utdelningarna återinvesteras (precis som är fallet när man äger indexfonder). Personligen tycker jag att man blir lika fascinerad varje gång man ser den här typen av uträkningar och förstår att några sparade hundralappar per månad kan förvandlas till väldiga belopp efter ett antal år. Skulle vi istället använda en årlig avkastning på 10 procent blir beloppen väsentligt större – med en sparad tusenlapp per månad blir summan ungefär 2,3 mkr efter 30 år, det vill säga 0,8 mkr mer än i exemplet nedan.

Portföljvärde utifrån månatligt sparande och investeringshorisont (inkl. återinvesterade utdelningar)

Månatligt sparande	5 år	10 år	15 år	20 år	25 år	30 år
100 kr	7 348	18 295	34 604	58 902	95 103	149 036
250 kr	18 369	45 737	86 510	147 255	237 757	372 590
500 kr	36 738	91 473	173 019	294 510	475 513	745 180
1 000 kr	73 477	182 946	346 038	589 020	951 026	1 490 359
3 000 kr	220 431	548 838	1 038 115	1 767 061	2 853 079	4 471 078
5 000 kr	367 384	914 730	1 730 191	2 945 102	4 755 132	7 451 797
10 000 kr	734 769	1 829 460	3 460 382	5 890 204	9 510 264	14 903 594

Ditt portföljvärde utifrån olika antaganden om månatligt sparande och tidshorisont, beräknat på en genomsnittlig årlig avkastning på 8 procent. Summorna framräknade utifrån månadsavkastning.

Detta sparande utgör alltså grunden i investeringsraketen. Och sanningen är att det för många är en fullt tillräcklig nivå för att nå stora framgångar på sikt. Men personligen är jag övertygad om att vi kan prestera ännu lite bättre genom att bygga på ytterligare en sektion. Låt oss se hur det kan gå till.

SÅ HÄR BLIR DU EN FRAMGÅNGSRIK INDEXKRAMARE

1. Öppna en vanlig depå eller investeringssparkonto (ISK) för ditt sparande. Är du långsiktig och inte tänker sälja ditt innehav på många år blir skatteskillnaden inte särskilt stor mellan kontotyperna. Utifrån dagens förutsättningar skulle dock en ISK vara att föredra.
2. Välj en fond med låga – eller inga avgifter (alternativt en portfölj av investmentbolag eller ETF:er). Vid det här laget har du lärt dig att även små skillnader innebär stora belopp för din framtida förmögenhet.
3. Bestäm en dag i månaden när dina automatiska överföringar ska ske, förslagsvis samma dag som du får din lön. Historiskt brukar börsen gå upp runt månadsskiftet – månadseffekten – och det är förstås en fördel att få del av den uppgången.
4. Välj belopp efter din ekonomi och förutsättningar – tänk på att även småbelopp kommer att växa sig stora på lång sikt.
5. Långsiktigt: idén är att du ska sätta upp rutinerna för ditt månatliga sparande och sedan glömma bort det under lång tid, kanske till pensionen.
6. I takt med att din portfölj växer så överväg om du ska komplettera ditt sparande med en fond eller ETF som speglar andra marknader – allt för att få bättre riskspridning.

STOCK-
PICKERN
Hitta guldkornen
i portföljen
KUPONGJÄGAREN
Bygg din egen
sedelpress med
hjälp av hög-
utdelande aktier
INDEXKRAMAREN
Långsiktigt, kontinuerligt
sparande till låga avgifter

Steg 2: Kupongjägaren – Bygg din egen sedelpress

Den andra delen av vår strategi utgår från att skapa en portfölj med stabila och höga utdelningar, kuponger, som ger ett välkommet inflöde till hushållskassan. Pengar som du kan se som ett komplement till dina övriga inkomster, eller välja att återinvestera i nya aktier om du hellre vill det. Jag brukar tänka på det som att jag bygger min egen sedelpress.

Kupongjägaren har alltså en lite annorlunda approach än indexkramaren och strategin fordrar ett något högre engagemang i urvalet av placeringar, men därefter inte särskilt mycket tid när portföljen väl är på plats. Utgångspunkten är att hitta bolag som ger en hög och säker direktavkastning (utdelning i förhållande till aktiekursen), och därefter skapa en portfölj med lagom många innehav för att få en bra riskspridning.

Den här placeringsstrategin har visat sig vara synnerligen attraktiv över tid. Och förklaringen bygger på ett antal viktiga faktorer.

1. Det är bolagsstyrelsen som föreslår vilken utdelning som ska ges till aktieägarna (som sedan bolagsstämman beslutar om). Bolagets ledning och styrelse är de som har mest insikt om verksamheten och dess förutsättningar att generera framtida vinster. När aktiekurserna varierar över tid, ofta påverkade av spekulation och omvärldsfaktorer, så följer utdelningarna normalt en avsevärt jämnare utvecklingskurva. Bolagets så kallade utdelningspolitik är en signal om företagsledningens syn på framtiden och ger värdefull information för dig som aktieägare. En historiskt hög utdelningstillväxt kan vara ett värdefullt styrkebesked.

2. Årliga utdelningar, motsvarande 4 till 8 procent i direktavkastning för den kategori av bolag som delar ut mest, kommer att leda till en avsevärd förmögenhetstillväxt på lång sikt när man räknar in ränta-på-ränta-effekten.

3. Ofta kan hög direktavkastning fungera som en kudde för stora nedgångar i en aktie - vid något tillfälle blir utdelningen som andel av aktiekursen så hög att investerare inte kan låta bli att köpa aktien vilket medför att volatiliteten, rörligheten, i aktien blir mindre. Lägre volatilitet klassas som lägre risk på ekonomispråk.

Med andra ord finns det flera aspekter som talar till kupongaktiernas fördel. Men självklart finns det invändningar. Att ett bolag delar ut en stor del av sin kassa kan vara ett tecken på att bolaget inte lyckas åstadkomma någon vidare avkastning på det egna kapitalet, kanske har bolaget sett sitt bästföredatum. Bara för att utdelningstillväxten varit historiskt hög finns det inga garantier att den kommer att vara det i framtiden. Likaså är det sällan vi hittar kursvinnarna bland högutdelarna. Snabbväxande, expansiva bolag kan skapa större avkastning på kapitalet inom bolaget, snarare än att dela ut pengarna till ägarna.

Strykhundarna på Wall Street

Men även med dessa invändningar har kupongportföljen visat sig vara framgångsrik utifrån historiska data. En variant på denna strategi kallas i USA för ”Dogs of the Dow”, där ”dogs” representerar aktier som värderas lågt i förhållande till bolagets utdelning och ”Dow” är en förkortning på det amerikanska indexet Dow Jones. Strategin bygger på att man varje år tar fram en lista på de bolag som ger högst direktavkastning och väljer ut de tio som är billigast, i det här sammanhanget definierat som de aktier som ger högst utdelning i förhållande till den aktuella kursen. Detta upprepar man sedan varje år, men låter i övrigt innehaven ligga stilla i portföljen mellan de årliga omplaceringarna. Strategin introducerades redan i mitten av 1950-talet, men blev mer allmänt populär vid millennieskiftet. Resultatet är onekligen intressant. Genom att följa denna strategi visar data från de senaste 100 åren att avkastningen slår det bredare indexet med flera procent varje år – utan att man behöver lägga ner särskilt mycket tid eller tanke på vad man faktiskt investerat i, utöver att just välja ut de ”billigaste” aktierna till sin årliga portfölj.

Utdelningskungarna

Ett annat angreppssätt är att välja bolag som har en tradition att höja utdelningen varje år, även under perioder av lågkonjunktur. Resonemanget bygger på att dessa bolag har en särskilt hög kvalitet genom en stark balansräkning och stabil lönsamhet i rörelsen. I USA benämner man denna grupp av aktier aristokrater – Aristocrats. För att kvala in på listan ska bolaget ha höjt utdelningen varje år i minst 25 år. På listan hittar vi många välkända namn: Coca-Cola, Wal-Mart Stores, Exxon Mobil, AT&T, Johnson & Johnson, PepsiCo och 3M är några av dem. Historien visar att investeringar i dessa varit en lyckosam strategi: sedan 1990 har de ökat ungefär dubbelt så mycket i värde som den amerikanska börsen i övrigt.

På den svenska marknaden är fastighetsbolagen Castellum och Hufvudstaden rekordhållare med årliga utdelningsökningar under nästan 20 år. Att titta på historisk utdelningstillväxt, snarare än bara den aktuella direktavkastningen idag, kan alltså också vara en bra utgångspunkt när vi bygger vår utdelningsportfölj.

Ett ytterligare talande exempel för kupongjägarnas framgång är tidningen Börsveckans fiktiva utdelningsportfölj. Den bygger på liknande principer som ovan men med några viktiga justeringar. Vid varje årsskifte gör tidningens redaktion en databaskörning och rangordnar alla bolag utifrån direktavkastning. Det brukar resultera i en lista på mellan 40 och 60 bolag som kvalificerar sig med en direktavkastning på över 4 procent. Utifrån detta urval gör man en mer kvalitativ bedömning och väljer ut de tio aktier som man tror mest på. Portföljen låter man sedan i princip ligga intakt under året, med undantag av en översyn vid halvårsskiftet. När året avslutats gör man om hela proceduren igen.

Börsveckans utdelningsportfölj – för bra för att vara sann?

Avkastningen på Börsveckans utdelningsportfölj har varit enastående, faktiskt nästan för bra för att vara möjlig på en effektiv marknadsplats. Av de 12 år som man arbetat med strategin har portföljen väsentligt överträffat index i 8 år, och i princip utvecklats som index under övriga år. Faktum är att den genomsnittliga avkastningen under hela tidsperioden varit mer än dubbelt så hög (ca 28 procent) som avkastningsindex för de 30 största bolagen på Stockholmsbörsen (ca 13 procent).

Över hela perioden gör det, inte oväntat, en enorm skillnad i avkastning där utdelningsportföljen gått upp med över 1 000 procent, att jämföra med index, inklusive utdelningar, på knappt 250 procent. Och inte nog med det. De höga utdelningarna har fungerat som stötdämpare när marknaden som helhet har varit på dåligt humör. Högre avkastning och lägre risk alltså, något som alla investerare letar efter.

Att bygga en portfölj med aktier som ger hög utdelning kan alltså vara ett sätt att få några procents extra avkastning varje år, något som gör stor skillnad för din förmögenhet. Kupongportföljer tycks också ha en tendens att vara något mindre känsliga för stora svängningar i marknaden, vilket kan bidra till bättre sömn på nätterna. Man ska heller inte underskatta den trevliga effekten av pengar som automatiskt trillar in på ditt konto i form av utdelningar. Det är en form av kassaflöde så god som någon annan. Eller som jag redan skrivit – ett sätt att bygga sin egen sedelpress.

Preferensaktier – vad är det?

I det här sammanhanget är det dags att introducera ett lite annorlunda aktieslag, de som går under benämningen preferensaktier. Dessa skiljer sig från bolagets vanliga aktier, stamaktierna, på några viktiga punkter. Ordet preferens avser normalt att dessa aktier har en fördel mot andra aktier om bolaget skulle hamna på obestånd och gå i konkurs. Man står alltså före i kön i förhållande till övriga aktieägare om allt går åt pipan (däremot efter i princip alla andra fordringsägare som skatteverket, banker och obligationsinnehavare). Preferensaktier ger normalt en förutbestämd utdelning som – till skillnad från de flesta stamaktier – delas ut en gång per kvartal, och dessutom betalas ut innan de vanliga aktieägarna får någon utdelning. På senare år har preferensaktier blivit ett populärt inslag på marknaden, ett sätt för företaget att hitta finansiering när bankerna blivit mer restriktiva med lån. Inte minst fastighetsbolag har emitterat stora mängder preferensaktier för att finansiera sina investeringar. Vanligtvis ligger den årliga utdelningen på 6–9 procent för olika preferensaktier. Ju större och säkrare bolaget är, desto mindre behöver man betala i utdelning för att locka investerare.

Preferensaktier kan vara ett utmärkt komplement i utdelningsportföljen just tack vare de höga, kvartalsvisa och förutbestämda utbetalningarna. Egenskaper som tilltalar en äkta kupongjägare.

Men det finns några aspekter att ha i minnet. För det första är utdelningarna alltså förutbestämda, vilket kan vara både positivt och negativt. Utdelningsnivån är med några undantag densamma varje år. När styrelsen kan besluta om att successivt höja utdelningen till stamaktieägarna följer utdelningarna i preferensaktierna inte med. Det som kan upplevas som en generös nivå i dag kan vara mindre attraktivt i framtiden. Preferensaktierna är av just det skälet särskilt känsliga för förändringar i ränteläget. Som investerare brukar man utgå från en riskfri ränta och lägga till en riskpremie för att acceptera den ökade risk man tar genom att investera i ett enskilt bolag. Om räntan går upp (eller förväntas gå upp) innebär det generellt att kursen på preferensaktierna går ner för att spegla den riskpremie som marknaden kräver (det motsatta gäller förstås om räntan går ner). Särskilt tydligt blir det om det inte finns någon bortre horisont, inlösen eller slutdatum för preferensaktierna. De är då snarast att klassa som en evig obligation med fast ränta. Risken ligger i att räntan går upp (vilket innebär att aktiekursen sjunker) eller att bolaget går i konkurs (vilket kan innebära att du helt kan förlora dina pengar, precis som med vanliga aktier).

Nu tål det att upprepas att kupongjägaren inte låter sig nedslås av tillfälliga kursnedgångar i aktien. Så länge utdelningarna betalas ut som de ska är allt enligt plan förutsatt att man håller fast vid innehaven. Huvudfokus för kupongjägaren är just utdelningarna, inte värdeförändringen i aktierna.

Särskilda villkor för preferensaktier

Preferensaktier skiljer sig åt och kan ha särskilda villkor för inlösen till olika kurser vid särskilda datum. Läs på noga innan du investerar i en preferensaktie så att du är införstådd med villkoren för just den aktie du köper. Informationen finns tillgänglig på bolagens respektive sajter som vänder sig till aktieägare. En enkel sammanfattning av villkoren för olika preferensaktier hittar du också på aktieskribenten och författaren Marcus Hernhags sajt. www.hernhag.se/preffar

En sista sak om preferensaktier: som nämnts tidigare hittar man oftast dessa bland fastighetsbolag och fastighetsutvecklare. Anledningen är enkel – fastighetsbolagen slukar enorma belopp för att finansiera markrätter och byggnationer. När bankerna inte vill låna ut pengar är aktiemarknaden en väg att gå. Men precis som preferensaktier är känsliga för ränteläget, så är fastighetsbolag det också. När räntan går upp sjunker vanligtvis priset på lägenheter och hus. En kraftig ränteuppgång riskerar alltså att ge dig dubbel huvudvärk om du sitter på stora innehav av fastighetspreferensaktier. Dels går kursen ner för "preffarna" på grund av den högre räntan, dels riskerar det underliggande bolaget att prestera sämre när fastighetspriserna sjunker. I värsta fall kan bolaget gå i konkurs och du förlora dina pengar. Under 2010-talet har situationen varit den omvända, räntorna har successivt fallit och huspriserna stigit. Bingo för alla med andra ord, men knappast något som kan fortsätta i all evighet.

Junk bonds – företagsobligationer med hög avkastning

För en kupongjägare med lite större investeringskassa kan även marknaden för företagsobligationer vara av intresse. Obligationer ger, liksom preferensaktier, en förutbestämd procentuell avkastning på det investerade kapitalet. På finansspråk brukar man prata om räntepunkter, där varje punkt utgör en hundradels procentenhet. Ju högre risk det är i bolaget, desto större kupong tvingas företaget betala för att attrahera investerare. De obligationer som ger högst ränta kallar man ibland *junk bonds*, skräpobligationer. Ett snällare namn är *high yield bonds*.

Företagsobligationer är tidsbegränsade. Oftast emitteras de med en återbetalningsklausul på tre till fyra år. Då ska låntagaren återbetala 100 procent av obligationens nominella värde, det vill säga emissionskursen. Skulle bolaget hamna på obestånd har obligationsinnehavaren företräde framför aktieägarna när de kvarvarande pengarna ska fördelas.

Precis som för vanliga aktier och preferensaktier kan värdet på en obligation förändras under löptiden. Om den finansiella risken ökar är det logiskt att värdet på obligationerna sjunker, eftersom det inte är säkert att bolaget har möjlighet att betala tillbaka hela lånebeloppet. Om marknadsräntorna stiger kommer också värdet på obligationen att sjunka – och ju längre löptid lånet har desto räntekänsligare är det. För att minska kursrisken på grund av ränteförändringar är det numera inte ovanligt att utdelningsvillkoren är kopplade just till den riskfria räntan, statslåneräntan (STIBOR). Skulle Riksbanken höja räntan ökar också avkastningen på obligationen i motsvarande grad, vilket ger ett visst skydd till obligationsinnehavarens fördel.

Obligationer handlas på en särskild obligationsbörs som i första hand vänder sig till institutionella investerare. Det innebär att likviditeten kan vara dålig och posterna handlas i stora belopp där 100 procent av det nominella värdet normalt motsvarar 1 mkr. Med tanke på att obligationer handlas i stora poster, att likviditeten är begränsad och tillgängligheten därmed tveksam för de flesta privatinvesterare har jag utelämnat denna sparform från portföljen.

”The four most dangerous words in investing are: 'This time it's different.'”

Sir John Templeton

Exempel på svenska aktier med hög direktavkastning.
Tänk på att utdelningen kan ändras från år till år. Många bolag slopade till exempel utdelningen avseende verksamhetsåret 2020 på grund av coronapandemin. Vissa år kan bolagsstämman även besluta om tillfälliga extrautdelningar. Tabellen nedan

Bolag	Verksamhet	Direktavkastning % (baserad på fjolårets utdelning)
Nordea Bank	Bank	8,8%
Volvo	Lastbilar	7,0%
Kallebäck Property	Fastigheter	6,8%
Capacent	Konsult	6,7%
SJR	Bemanning	6,7%
SBB D	Fastigheter	6,7%
Akelius D	Fastigheter	6,6%
Björn Borg	Konfektion	6,3%
Lundin Energy	Energi	6,2%
Tethys Oil	Energi	6,2%
Solnaberg	Fastigheter	6,2%
Fastpartner D	Fastigheter	6,2%
Tre Kronor Property	Fastigheter	6,1%
Sagax D	Fastigheter	6,1%
Coor Service	Tjänstebolag	6,0%
NAXS Nordic Access	Investmentbolag	5,7%
Link Prop	Fastigheter	5,7%
Nordic Waterproofing	Bygg	5,6%
Cibus Nordic	Fastigheter	5,5%
Torslanda Property	Fastigheter	5,5%
Poolia	Bemanning	5,4%
Resurs Holding	Bank	5,3%
Telia Company	Telekom	5,3%
Havsfrun Investment	Investmentbolag	5,3%
Bonava A	Fastigheter	5,2%
Tele2 B	Telekom	5,0%
TietoEVRY	IT-konsult	4,9%
Arctic Paper	Papper	4,8%
Electra Gruppen	Hemelektronik	4,8%
Empir Group	IT-konsult	4,8%
JLT Mobile	IT, mobildatorer	4,7%
Bilia	Bilåterförsäljare	4,6%
eWork	IT-konsult	4,5%

visar direktavkastningen (dvs. utdelningen i förhållande till aktuell aktiekurs) baserad på senaste kända utdelningsbeslut. Listan ska därmed endast ses som en inspirationskälla för att hitta intressanta utdelningsaktier.
Källa: Börsdata och egna noteringar.

Dedicare	Bemanning	4,5%
Diös	Fastigheter	4,5%
Betsson	Betting	4,4%
Nyfosa	Fastigheter	4,3%
Handelsbanken A	Bank	4,3%
Boliden	Råvaror	4,3%
Öresund	Investmentbolag	4,2%
Intrum	Finans	4,2%
Skanska	Bygg	4,2%
Nordic Paper	Råvaror, papper	4,2%
CAG Group	Konsult	4,1%
JM	Fastigheter	4,1%
Pfizer	Fastigheter	4,1%
Byggpartner	Bygg	4,1%
Peab	Bygg	4,1%
MultiQ	Bildskärmar	4,0%
Thule	Fritidsprodukter	4,0%
Bonäsudden	Fastigheter	4,0%
Scandi Standard	Livsmedel	3,9%
SEB	Bank	3,8%
Novotek	IT-system	3,8%
Ferronordic	Återförsäljare last- industrimaski-	3,7%
OEM	Kontraktstillverkning	3,6%
Samhällsbyggnadsbolag B	Fastigheter	3,6%
Axfood	Livsmedel	3,6%
Byggmax	Byggmaterial	3,5%
Castellum	Fastigheter	3,5%

Urval av preferensaktier noterade på Stockholmsbörsen.

Urval av preferensaktier noterade på Stockholmsbörsen. Notera att direktavkastningen är en ögonblicksbild baserad på aktiekurser i april och därmed kan vara högre eller lägre baserat på de aktuella kurser som gäller just nu. Var särskilt uppmärksam på aktier som har en lägre inlösenkurs än aktuell börskurs. Utdelningar sker vanligen kvartalsvis.

Preferensaktie	% (apr. 2021)	Utd/år	Aktiekurs (apr. 2021)
Aros Bostadsutveckling Pref B	7,7%	7,5	98
Alm Equity Pref	7,0%	8,4	120
Amasten Pref	5,7%	20	352
Corem Pref	6,2%	20	322
Fast Partner Pref	5,7%	6,68	117
Footway Pref	6,4%	8	125
Heimstaden Pref	5,8%	20	344
K2A Pref	6,0%	20	332
Klövern Pref	6,2%	20	321
NP3 Pref B	6,3%	2	32
Oscar Properties pref	na	0	105/ 204
Sdiptech Pref	6,8%	8	118
Volati Pref		40	656
Urval av preferensliknande stamaktier			
Kallebäck Property	6,8%		
SBB D	6,7%		
Logistri	6,7%		
Akelius D	6,6%		
Solnaberg	6,2%		
Fastpartner D	6,2%		
Tre Kronor Property	6,1%		
Sagax D	6,1%		
Link Prop	5,7%		
Cibus Nordic	5,5%		
Torslanda Property	5,5%		

Värt att notera är att preferensaktieägare kan hamna i kläm om bolaget är i kris, bostadsutvecklaren Oscar Properties är ett sådant exempel där villkoren för preferensaktieägarna är högst oklara. *Källa: Hernhag.se/preffar och egna noteringar.*

Verksamhet	Inlösenkurs och övriga villkor
Bostadsutveckling	115 kr fram till december 2023, därefter 100 kr.
Fastigheter	120 kr
Fastigheter	350 kr
Fastigheter	500 kr
Fastigheter	116,67 kr
E-handel	105 kr.
Fastigheter	375 kr fram till maj 2025, därefter 330 kr.
Fastigheter	350 kr
Fastigheter	500 kr
Fastigheter	35 kr
Fastigheter	Två klasser av pref-aktier. Inställda utdelningar sedan 2019. Oklar framtid.
Investmentbolag	105 kr.
Industri-konglomerat	675 kr t o m 2025 och 625 kr efter maj 2025.

Fastigheter	
Fastigheter	
Fastigheter	
Fastigheter	
Fastigheter	
Fastigheter	
Fastigheter	
Fastigheter	
Fastigheter	
Fastigheter	
Fastigheter	

Allt fler bolag har de senaste åren valt att lösa in sina preferensaktier för att istället emittera en ny aktieklass, ofta kallade för D-aktier. Dessa ger i regel utdelning en gång per kvartal och liknar därmed preferensaktierna, men med sämre skydd vid en eventuell konkurs. Akelius, Sagax och SBB är några exempel. Det finns ytterligare en handfull bolag inom fastighetsbranschen vars aktier påminner om preferens- och D-aktier med en uttalad utdelningsstrategi som främsta kvalitet (snarare än tillväxtfokus). Ett specialfall är Cibus som äger en större portfölj av främst livsmedelsfastigheter i Sverige och Finland. Cibus är hittills det enda bolag i Sverige som valt att göra månatliga utdelningar till sina aktieägare.

Vilken avkastning kan vi räkna med i vår portfölj?

Kupongjägarens utgångspunkt är alltså stadiga kassaflöden från utdelningarna, snarare än snabba vinster från förändringar i själva aktiekursen.

Som du kan se från tabellerna på föregående uppslag ligger direktavkastningen på mellan 4 och 11 procent utifrån aktuella kurser. En rimlig målsättning är att sträva efter en direktavkastning på mellan 5 och 7 procent, där eventuella kursuppgångar får komma som en välkommen bonus. Avkastningen från utdelningarna är med andra ord avsevärt högre än räntan som du får genom att ha pengarna på ett bankkonto (där man ska vara glad om man överhuvudtaget får någon ränta numera).

Risken är naturligtvis också högre. Genom att sätta ihop en portfölj av 8 till 10 bolag i olika branscher, och ha en långsiktig investeringshorisont, kommer du dock att kunna begränsa risken till en rimlig nivå.

För att slippa betala reavinster på utdelningarna ska du använda ett investeringssparkonto för din kupongportfölj. För närvarande (2019) innebär det att du betalar en årlig schablonskatt på 0,4 procent på värdet av portföljen – vilket är avsevärt mer gynnsamt än att betala 30 procents reavinstskatt på utdelningarna.

En intressant frågeställning är då hur stora investeringar man måste göra för att portföljen verkligen ska kännas som en "sedelpress" värd namnet. Kalkylen är enkel att räkna fram. Om vi för enkelhetens skull räknar med att den årliga direktavkastningen efter skatt är 6 procent blir resultatet följande:

Portföljvärde	Avkastning efter skatt		Motsvarande bruttolön per månad med	
	per år	per månad	30 % skatt	55 % skatt
100 000	6 000	500	714	1 111
250 000	15 000	1 250	1 786	2 778
500 000	30 000	2 500	3 571	5 556
1 000 000	60 000	5 000	7 143	11 111
3 000 000	180 000	15 000	21 429	33 333
5 000 000	300 000	25 000	35 714	55 556

Sedelpressens kapacitet är självfallet avhängig av ditt investerade belopp. Skulle du över tid arbeta upp en portfölj till ett värde av några hundra tusen märker du snabbt att portföljen börjar ge ett välkommet bidrag till hushållskassan, pengar som kan sätta guldkant på tillvaron för dig och din familj.

Jag har valt att också skriva ut vad avkastningen skulle motsvara i bruttolön vid olika skattesatser. Har du en inkomst som överstiger brytpunkten för statlig skatt blir exemplet extra tydligt. Sedelpressen har på det sättet stora skattemässiga fördelar. Inte minst om du dessutom skulle inkludera de avgifter som arbetsgivaren betalar på lönen.

I bokens inledning tog jag upp det som många ser som den ultimata lösningen för ett liv som ekonomiskt oberoende, nämligen jackpot på Triss där tre klöversymboler kan likställas med en

”skattefri lön” på 25 000 kronor under ett antal år. I det enkla räkneexemplet ovan kan vi se att en kupongportfölj på 5 mkr med en nettoavkastning på 6 procent om året skulle ge just det resultatet. Med den stora skillnaden att du inte slösat bort pengarna på att köpa lotter - och att sedelpressen inte har något slutdatum. Och då har vi *inte* ens räknat med att värdepapperen förhoppningsvis även stigit i pris under tiden.

För de flesta är tanken på en så stor sparportfölj lika utopisk som att just vinna på lottsedeln, men jämförelsen är ändå intressant. Och jag kan garantera att det är ett bättre mål att sträva efter än att hoppas på att skrapa fram klöversymboler för de sista slantarna. Kanske kan ett arv eller försäljning av en bostad utgöra en grundplåt till ett lite större sparande. Man kan även överväga att ta ett extra lån på sin bostad som en del av strategin, förutsatt att man är medveten om att det ökar risknivån i portföljen.

För att sammanfatta: Som kupongjägare har du bestämt dig för att låta kapitalet jobba för dig - snarare än att du ska jobba för kapitalet. Sannolikt är det inte realistiskt att utgå från att du ska kunna täcka alla dina levnadskostnader med en utdelningsportfölj. Men även mindre belopp ger ett positivt bidrag till hushållskassan och kan göra livet lite mer extravagant.

Vi har nu klarat av de två första delarna av investeringsraketen; först ett långsiktigt, passivt och kostnadseffektivt månadssparande, därpå en portfölj som ger stabila utdelningar som komplement till din hushållsbudget. Om du känner för att ta ett ytterligare steg på investeringstrappan har det nu blivit dags att hitta de där riktiga guldkornen av tillväxtaktier som kan stiga kraftigt i värde över tid och bidra till en extra skjuts i din totala portfölj.

SÅ HÄR GÖR KUPONGJÄGAREN FÖR ATT BYGGA SIN ”SEDELPRESS”

- Öppna ett investeringssparkonto hos din bank eller nätmäklare (personligen har jag döpt min depå till just ”Sedelpressen”).
- Välj ut 8–10 högutdelande aktier och preferensaktier i olika branscher för att få en hygglig riskspridning.
- Sikta på att bygga en portfölj som ger 5–7 procent i årlig avkastning.
- Var försiktig med de bolag som ger allra högst direktavkastning och försäkra dig om att utdelningsnivån är robust över tid. Att direktavkastningen är hög just nu är ingen garanti för att den kommer att vara det framöver. Med vägledning av hur bolagets styrelse agerat historiskt kan du få en uppfattning om framtiden.
- Läs på extra noga om särskilda villkor som kan vara kopplade till enskilda preferensaktier.
- Var långsiktig – detta är en portfölj som ska ge dig en bra avkastning över året utan att du lägger ner särskilt mycket tid på den. Var medveten om att kurserna kan röra sig upp och ner – så länge bolaget är solvent är det utdelningen som är det främsta syftet med portföljen.
- Bestäm en strategi för hur du ska hantera utdelningarna (som betalas kvartalsvis eller en gång per år) – ska de återinvesteras eller ska du sprida ut dem över året som en del av din månatliga konsumtionsbudget.
- Överväger du att lånefinansiera en del av din sedelpress så tänk igenom alla möjliga scenarion noga. Inkludera framtida räntehöjningar i din kalkyl och tänk på att en räntehöjning kan innebära en kursnedgång i aktierna. Särskilt känsliga är preferensaktier som har en evig livstid.

STOCK-PICKERN

Hitta guldkornen i portföljen

KUPONGJÄGAREN

Bygg din egen sedelpress med hjälp av hög-utdelande aktier

INDEXKRAMAREN

Långsiktigt, kontinuerligt sparande till låga avgifter

Steg 3: Stockpickern – Lär dig hitta börsvinnarna

Stockpickerns ambition är att hitta guldkornen som ökar i värde snabbare än alla andra. Det är värdeförändringen i aktien som är det primära målet. Den här placeringsfilosofin förutsätter att du är beredd att lägga ner mer tid och engagemang än vad som var fallet för indexkramaren och kupongjägaren. Men gör du det – och lyckas bra – är det här du kan få en riktig hävstång i portföljen.

En skicklig stockpicker arbetar utifrån två generella principer:

- Identifiera attraktiva bolag med stora goda förutsättningar att växa och tjäna pengar i framtiden och/eller företag med dolda värden som inte riktigt värdesätts av marknaden.
- Bedöma ett ungefärligt värde på bolaget för att ställa det i relation till det pris aktien handlas i – vilket blir avgörande för beslut om när man ska köpa eller sälja aktierna. En duktig stockpicker vet att det är skillnad mellan värde och pris.

Första steget är alltså att identifiera bolagen som vi ska titta lite närmare på. Med tanke på att det finns över 700 noterade företag på den svenska marknaden så finns det en hel del att välja mellan. Svårigheten är snarare att veta var man ska börja. Det andra steget är mer komplicerat – hur ska man veta vad något *borde* vara värt? Förvisso finns det ett antal metoder för att räkna fram teoretiska värden på aktier, men alla har sina uppenbara brister. Till syvende och sist handlar allt om hur bolaget kommer att utvecklas i framtiden – och det är något som vi per definition inte kan veta. Det är inte konstigt att analytiker kommer fram till helt olika slutsatser när man ber dem räkna fram ett teoretiskt värde på en aktie.

Så hur ska vi amatörer då förhålla oss till detta, har vi överhuvudtaget någon möjlighet att göra bra affärer när vi konkurrerar med världens alla proffsinvesterare och deras staber av analytiker och ekonomiska modeller? Tanken känns närmast svindlande.

Det glädjande svaret är att det går att komma väldigt långt med vanligt bondförnuft och ett metodiskt tillvägagångssätt. Personligen arbetar jag utifrån sex steg.

1. Generell idé om trender, branscher och företag
2. Lär dig mer om de enskilda bolagen
3. Gör en förenklad värderingsanalys
4. Doppa tån i vattnet och skapa en ”intresseportfölj”
5. Bygg din riktiga portfölj
6. Håll dig till en förutbestämd strategi

1) Generell idé om trender, bransch och bolaget

Det första steget i att bygga vår portfölj handlar om att ringa in de branscher och företag som vi är intresserade av. I det arbetet ingår också att utesluta branscher som vi av olika skäl inte tycker är intressanta, kanske har du helt enkelt svårt att förstå affärsmodellen – och då är det bättre att undvika dem. Med tanke på att du ska leva länge med dina innehav och följa med i bolagets utveckling är det en stor fördel om du tycker dess verksamhet är spännande, det gör arbetet mycket roligare.

En ytterligare tanke kan vara att börja urvalet med en allmän idé om megatrender i samhället. Det kan handla om frågor som urbanisering, att befolkningen blir äldre, spenderar större del av sin inkomst på resor och nöjen med mera. Kanske identifierar du några särskilda branscher som verkar inom olika tillväxtområden och kan därefter försöka hitta potentiella bolag i just den sektorn. Ofta väcks vårt intresse av att vi hör andra prata om ett särskilt bolag eller själva har

CHECKLISTA

- Förstår du vad företaget säljer? Tror du själv på produkten eller tjänsten som företaget erbjuder? Finns det möjlighet att expandera till nya marknader eller bredda sitt erbjudande bland existerande kunder?
- Har företaget en hälsosam historisk vinstmarginal – och kan den bibehållas eller rent av öka i takt med tillväxten?
- Talar långsiktiga megatrender till bolagets fördel, till exempel frågor som rör miljö, urbanisering, samhällets åldersstruktur, förändringar i människors beteenden?
- Tror bolagsledningen och styrelseledamöterna själva på bolaget? Har de investerat privat i företaget och tagit en ekonomisk risk?
- Hur ser inträdesbarriärerna ut? Kan nya aktörer snabbt komma in på marknaden och förstöra prisbilden eller ta marknadsandelar från bolaget?
- Kan framtida teknikskiften innebära existentiella hot för bolagets verksamhet?

positiva erfarenheter av dess tjänster eller produkter. Eller läser om dem i tidningen. Oavsett skäl så börjar resan med att du får upp ögonen för företag som du tror kan vara en bra investering, därefter ska vi börja syna dem i sömmarna för att se om de kvalar in i portföljen.

2) Lär dig mer om bolaget

När du väl har hittat ett antal företag är det dags att gräva lite djupare. Förstår du bolagets affärsmodell, är produkterna eller tjänsterna rätt prissatta och får bolaget bra omdömen från kunder är några uppenbara frågeställningar. Lika viktigt är om vd:n och företagsledningen känns förtroendeingivande och själva är delägare i bolaget, och vilka andra som har investerat i bolaget. Ofta kan det vara smart att ta rygg på investerare som är kända för att göra smarta investeringar. Har du möjlighet att göra ett företagsbesök eller lyssna på när bolaget presenterar sig för investerare är det ofta värdefullt. Mycket information hittar man också på företagets hemsida eller i dess årsredovisning som går att ladda ner på nätet.

Som investerare översköljs man av erbjudanden att investera i olika bolag. Ofta handlar det om förhoppningsbolag där intäkterna ligger långt fram i tiden och förutsätter att särskilda tester eller nya modeller slår väl ut. Som amatör är det svårt att bilda sig någon egentlig uppfattning om sannolikheten till framgång. Produkterna och tjänsterna är ofta oerhört komplexa att förstå – och riskerna är stora. Om du inte har någon särskild insikt i just det företagets verksamhet är det klokt avstå från att investera. Att bli en framgångsrik stockpicker handlar inte om att ha tur. Förstår du inte vad bolaget egentligen säljer ska du hålla dig borta. Lyckligtvis finns det många bolag att välja mellan.

3) Gör en enkel värdering av aktien

En skicklig stockpicker vet att det är skillnad mellan värde och pris. Och därför måste vi försöka bilda oss en ungefärlig uppfattning om vad värdet på bolagets aktier borde vara i förhållande till vad de kostar på börsen. Det är svårt. En aktie är inte "billig" bara för att den kostar några kronor att köpa eller för att den fallit kraftigt i pris från tidigare nivåer. Allt handlar om hur många aktier det finns i företaget – och vad du får för pengarna.

För att värdera ett bolag brukar analytiker utgå från tre generella principer:

- Substansvärdering: Marknadsvärdet av bolagets enskilda tillgångar när man räknar bort eventuella skulder till långivare.
- Framtida kassaflöden: Summan av bolagets framtida förväntade kassaflöden, det vill säga hur stora överskott bolaget kan generera i framtiden, framräknat till dagens penningvärde.

- Multipelvärdering och relativvärdering: Hur många gånger bolagets omsättning eller vinst är bolaget värderat till – och hur det står i relation till liknande företag i samma bransch. Vanligaste måttet är den aktuella aktiekursen i förhållande till vinsten per aktie, det som kallas P/E-tal. Men även mått där man jämför priset i förhållande till omsättning, eget kapital eller rörelseresultat är vanliga.

Alla metoderna har uppenbara för- och nackdelar. Substansvärdering tar inte hänsyn till att bolagets rörelse har något egentligt värde utan utgår i första hand från vilka värden som finns i bolaget idag, och ställer det i relation till priset man får betala för aktierna. Om de enskilda delarna i företaget har ett sammanlagt marknadsvärde på 100 kronor per aktie, men aktien handlas till 80 kronor skulle det med andra ord kunna vara en köpsignal enligt resonemanget att du köper 1 kr för 80 öre. Investmentbolag och fastighetsbolag är de vanligaste branscherna där substansvärdering brukar användas. Men eftersom värderingsmetoden alltså inte tar hänsyn till framtida vinster från den egna rörelsen blir den ganska ointressant i de flesta andra fall.

Kassaflödesberäkningen – som i mångas ögon är den ”finaste” formen av värdering – är istället framåtblickande och utgår från vilka överskott som kan genereras av bolaget i framtiden. Pengar som teoretiskt ska tillfalla ägarna i någon form. Problematiken är förstås att det blir en kvalificerad gissningslek att prognostisera framtida resultat och investeringsbehov. Inte minst när du försöker göra det långt fram i tiden. Likaså är metoden oerhört känslig för vilka antaganden du gör när dessa framtida kassaflöden ska beräknas till dagens penningvärde. Även minimala ändringar i den riskjusterade räntan ger enorma skillnader i slutresultat. Två analytiker kan därmed få helt olika värdering på samma bolag, trots att man utgår från samma beräkningsmodell.

Av det skälet är multipel-metoden, där man sätter den aktuella aktiekursen i relation till exempelvis vinsten per aktie, den vanligaste. Men inte heller den är perfekt eftersom det är oklart hur man ska tolka siffrorna. En låg vinstmultipel borde instinktivt signalera att aktien är "billig". Men det kan lika gärna vara en indikation på att bolagets vinst förväntas bli lägre de kommande åren. Och på samma sätt skulle en hög vinstmultipel kunna vara en signal om att bolagets resultat kommer att stiga kraftigt de kommande åren, vilket alltså inte alls behöver betyda att du köper till överpris även om det ser så ut vid en första anblick. Viss vägledning kan man naturligtvis få genom att jämföra värderingen mellan liknande bolag i samma bransch. Men inget bolag är identiskt med ett annat och bara för att andra bolag är högt värderade är det inte en självklar slutsats att "ditt" bolag ska värderas på samma sätt. Kanske är hela branschen övervärderad.

Det är per definition omöjligt att räkna fram ett definitivt värde på ett företag och dess aktier – av det enkla skälet att vi hanterar framtida osäkerhet i beräkningen. Därför nöjer vi oss nu med att göra en överslagsräkning för att bedöma rimligheten i värderingen – utan att göra anspråk på att få till en fullständig ekonomisk kalkyl.

Om man – utifrån hundratals variabler och medveten om dessas tillkortakommanden – ska välja en metod för att göra en enkel rimlighetsbedömning så rekommenderar jag att utgå från just P/E-talet där man sätter den aktuella aktiekursen i relation till vinsten per aktie. Skälet är att informationen är lättillgänglig – uppgifterna finns tidningarnas dagliga börslistor. Med P/E-talet får vi alltså en fingervisning om hur många gånger vinsten du får betala när du köper aktien – och du kan jämföra det med liknande bolag i samma bransch för att bedöma hur högt eller lågt ditt bolag handlas. Eftersom värdetillväxt handlar om framtida vinster är det en fördel om du kan utgå från kommande års prognostiserade vinst.

Som en trubbig tumregel kan man säga att en multipel på mellan 10 och 20 är normalt, medveten om att det är enorma skillnader mellan olika företag och branscher, och att nyckeltalet bara ger en liten bild av bolagets situation. Snabbväxande bolag kan handlas till avsevärt högre multiplar och bolag vars framtidsutsikter är mörkare bör handlas till låga multiplar. P/E-talet säger heller inget om företaget har stora skulder, vilket är viktig information för att bedöma risknivån.

Ett närbesläktat mått får man genom att utgå från företagsvärdet (bolagsvärdet när man justerar för skulder och kassa) och ställa det i relation till rörelseresultatet, vilket kallas EV/EBIT-multipel på finanslingo. Detta nyckeltal ger oss en bättre förståelse för lönsamheten i den verkliga rörelsen och fångar dessutom upp om bolaget är kraftigt skuldsatt. EV/EBIT-multipeln ger oss alltså mer värdefull information än det enklare P/E-talet, och är därmed att föredra. Men uppgifterna kräver mer research och därför accepterar vi P/E-talet för att få en första översiktsbild.

P/E-tal = Price/Earnings =
aktuellt pris per aktie / vinsten per aktie efter skatt

EV/EBIT = Enterprise Value / Earnings Before Interest and Tax =
företagsvärde / rörelseresultat före finansiella intäkter och kostnader samt skatt

Företagsvärde (Enterprise Value) =
börsvärde + räntebärande skulder – kassa

Börsvärde (Market Cap.) =
antal aktier x aktuell aktiekurs

PEG-tal

Genom att ställa det aktuella P/E-talet i relation till den förväntade vinsttillväxten per aktie kan du räkna fram aktiens så kallade PEG-tal = P/E / vinsttillväxt i procent. Som tumregel är ett PEG-tal på under 1,5 bra, ett högre tal kan indikera att aktien är övervärderad.

I bokens appendix har jag samlat mer information om grunderna till aktievärdering och går igenom en handfull nyckeltal som hjälper oss i arbetet att hitta rätt aktier. Vill du fördjupa dig på området redan nu så ta gärna en paus och bläddra fram till bokens sista del.

4) Doppa tån i vattnet och skapa en "intresseportfölj"

Förutsatt att du tror på bolagets framtidsutsikter och ledningens förmåga att lyckas uppnå målen - och att bolagsvärderingen känns någorlunda rimlig - är det nu dags att skrida till verket. Men vi börjar försiktigt.

Medveten om att du inte har gjort en fullständig analys eller värdering av aktien (i den mån det överhuvudtaget är möjligt) bestämmer du dig för att doppa tån i vattnet genom att köpa ett mindre antal aktier i just det företaget - det blir första steget till att i ett senare skede bestämma dig för om detta är en aktie som du ska satsa på fullt ut.

På det här viset bygger du upp vad jag kallar en intresseportfölj med bolag som du tror på, men vill bekanta dig med ytterligare innan du går hela vägen. Förvisso kan du skapa en bevakningslista utan att köpa några riktiga aktier, men personligen har jag kommit fram till att den effektivaste metoden att verkligen lära känna företaget är att vara delägare, oavsett hur lite det handlar om. När aktierna väl finns i depån blir jag plötsligt varse om vad som händer i företaget. Nyheter som är kopplade till innehavet dyker upp i flödet på sajten där jag har samlat mina aktier. Läser jag något i tidningen så fastnar uppgifterna lättare i minnet om jag är delägare. Investeringen ska vara så pass liten att den inte har någon nämnvärd påverkan på hela portföljens utveckling.

Med tanke på att det finns över 700 noterade bolag som genererar en oändlig mängd information är det helt enkelt omöjligt att hålla koll på alla. Men så fort jag äger aktier i dem så spetsas mina sinnen varje gång något händer just i dessa bolag. Själv brukar jag tänka på det som ett förhållande. Först väcks mitt intresse av något skäl, därefter börjar jag förhöra mig lite om den andres egenskaper. Känns allt bra kanske jag närmar mig och bjuder in till en dejt. Men från det tillfället fram till förlovning fordras att vi lär känna varandra ordentligt. Jag ser på samma sätt med aktieplaceringar. Mitt mål är att hitta den perfekta matchen som jag kommer att trivas med i många år framöver. Evig kärlek uppstår inte genom det första ögonkastet oavsett hur romantiskt lagd man är. Den uppenbara fördelen med aktieplaceringar är dessutom att man inte behöver begränsa sig till en kärlek, utan med fördel bör ha många parallella relationer för att uppnå en bra riskspridning mellan innehaven.

Min egen intresseportfölj består normalt av mellan 10 och 15 bolag. Det är utifrån denna kvallista som vi nu ska bygga den riktiga portföljen.

5) Bygg din portfölj

Nu har du kommit så långt att du har ett antal aktiefavoriter som du har hygglig koll på och som du har lärt känna bättre under tiden som du följt deras utveckling i intresseportföljen.

Tiden är kommen för att skapa en ”riktig” aktieportfölj utifrån dessa. Som jag varit inne på tidigare bör en portfölj bestå av mellan 8 och 12 företag i olika branscher för att ge en hygglig riskspridning, allt enligt teorierna om modern portföljteori. Om du följer rekommendationerna i den här boken om att börja med en indexportfölj och därefter lägga till en utdelningsportfölj har du redan fått en ganska bra riskspridning i botten av investeringsraketen och kan därför begränsa antalet innehav i stockpicker-portföljen till mellan 5 och 8 aktier om du känner att det blir enklare utifrån dina resurser.

Att tajma en investering är svårt. Det är lika bra att inse att det är svårt att träffa helt rätt. Därför tar en klok stockpicker fasta på en av de "gyllene reglerna" och sprider ut investeringen över tid, förslagsvis på tre till fem tillfällen med en eller ett par månaders mellanrum. Det är så kolossalt många faktorer som påverkar marknadens humör vilket på kort sikt påverkar värderingen på alla bolag, oavsett om den specifika marknadshändelsen har något med det enskilda bolaget att göra eller inte. Genom att dela upp investeringen i mindre delar kommer vi delvis runt den problematiken.

6) Håll dig till en förutbestämd strategi

Äntligen har vi fått vår riktiga portfölj av förhoppningsvisa guldkorn på plats. Har vi gjort vår läxa bra är detta ett innehav som vi älskar och vill äga under en lång tid framöver. Men världen är inte perfekt. Förutsättningarna förändras hela tiden och vi måste förstås vara lyhörda för dem, samtidigt som vi försöker minimera påverkan av psykologiska faktorer som obevekligen styr såväl ditt som hela marknadens humör.

En framgångsrik stockpicker arbetar därför med en förutbestämd strategi och försöker hålla sig till den.

Exempel på det är att portföljen just ska innehålla ett förutbestämt antal innehav. Har du fått tycke för ett nytt bolag innebär det att du ska välja bort ett annat, det vill säga sälja aktierna och förpassa företaget till intresselistan. Som du snabbt blir varse är det avsevärt lättare att köpa en aktie än att sälja den, antingen för att vi är giriga och hoppas att den ska fortsätta att gå upp, eller för att den tappat i värde och vi inte vill realisera en förlust. Genom att hålla sig till regeln om ett fast antal innehav tvingas vi ställa de olika aktierna mot varandra och rangordna deras egenskaper och förutsättningar, vilket onekligen är en nyttig övning.

På samma sätt är tanken att hålla en relativ investeringsbalans mellan innehaven en god idé. Om någon av aktierna sticker iväg värderingsmässigt och får en alltför dominerande andel av portföljen säljer du av successivt för att återskapa balansen. Samma regel gäller om en aktie omotiverat sjunker i värde. Så länge du tror på bolaget som en av dina favoriter är en nedgång i aktiekursen snarare något positivt än negativt, eftersom du har möjlighet att köpa fler aktier ”med rabatt”. På så sätt förändras portföljen över tid genom små justeringar. Med det sagt är inte utgångspunkten att du ska behöva göra förändringarna särskilt ofta eller lägga ner onödigt mycket tid på portföljen. Vi vill inte heller att avgifter för att köpa och sälja ska äta upp någon nämnvärd del av avkastningen. Så länge vi äger aktierna genom ett investeringssparkonto behöver vi åtminstone inte bekymra oss om att betala skatt på vinsterna när vi säljer.

En eller ett par gånger per år är det en god idé att göra en större städning i portföljen och gå igenom förutsättningarna för varje innehav lite mer grundligt. Jag brukar jämföra det med att göra en höst- och en vårstädning av huset. Jag tittar igenom aktierna och ställer dem i relation till andra bolag som kandiderar att komma in på listan. I den bästa av världar kommer jag fram till att portföljen ska vara intakt även efter genomgången. Men oftast slutar det med att en eller ett par aktier byter plats.

Ytterligare exempel på att arbeta utifrån en förutbestämd strategi är att bestämma sig för de branscher man ska investera i – eller vilka områden man ska hålla sig borta från, vilket gör hela ditt portföljarbete enklare. Liksom att alltid sova på saken innan man gör en investering. Ja, faktum är att bara genom att följa de olika stegen ovan har du också en bra strategi att förhålla dig till – ett tillvägagångssätt som minskar risken för att du ska falla offer för "smarta råd" eller överilade investeringar som kan visa sig kostsamma.

Hur mycket pengar behöver man ha för att bli en stockpicker?

Följer du rådet om att sprida riskerna mellan ett antal innehav och inte köpa allt på samma gång innebär det följaktligen relativt många transaktioner för att bygga upp en portfölj. Därför är det viktigt att du väljer en mäklare som har en prismodell som fungerar bra utifrån dina förutsättningar – där det inte blir för stora relativa omkostnader i courtage när du köper och säljer. Alla mäklare erbjuder tjänster med olika fasta minimiavgifter och rörliga omkostnader. Räkna på vilket paket som passar din investeringsbudget bäst, innan du väljer mäklare.

För att det ska bli någorlunda kostnadseffektivt bör din totala portföljbudget vara minst 100 000 kronor. Har du inte så mycket pengar kan de två första stegen av investeringsraketen vara början till att successivt arbeta upp ett tillräckligt kapital för att vid ett senare skede komplettera med stockpicker-portföljen.

Från 100 000 kr till 27 mkr

Vilken avkastning du kan räkna med är naturligtvis omöjligt att säga. Men ambitionen ska vara att överträffa index. Jag tycker att målet kan sättas till en årlig totalavkastning på 15 procent. Det skulle innebära att din förmögenhet ungefär fördubblas vart femte år. För en långsiktig stockpicker innebär det en fenomenal värdetillväxt – efter 30 år skulle din portfölj ha ökat i värde med 66 gånger. Börjar du med 100 000 innebär det att aktierna är värda 6,6 mkr. Efter ytterligare tio år skulle portföljen ha svällt till nästan 27 mkr. För att reta fantasin kan det vara kul att veta att en årlig avkastning på 20 procent under samma period skulle innebära att aktieportföljen ökat från 100 000 kr till svindlande 147 mkr. Det senare kan låta som ren fantasi, men ligger faktiskt i linje, ja till och med i underkant, av vad den amerikanske superinvesteraren Warren Buffett lyckats åstadkomma med sin förvaltning i investmentbolaget Berkshire Hathaways under drygt 50 års tid. Inte undra på att han kallas för "the Oracle of Omaha".

Är ditt fokus att investera i svenska bolag kan du förslagsvis jämföra din avkastning med börsens breda avkastningsindex, det som kallas SIX Return Index (SIXRX), som alltså inkluderar utdelningar. Se indexet som din medtävlare och gör kontinuerliga avstämningar, kanske en gång per månad. Undvik däremot att jämföra varje dag, det är bara stressande och riskerar snarare att bidra till sämre nattsömn och oövervägda beslut om din portfölj tillfälligtvis skulle prestera sämre än index. Stockpickern och Daytradern är varandras motsatser. Din portfölj ska vara en vinnare på lång sikt – se din resa som ett maraton snarare än ett sprinterlopp utan att låta dig bekommas av tillfälliga upp- och nergångar som är marginella för din långsiktiga avkastning. För att kunna göra relevanta jämförelser rekommenderar jag att du skapar en unik depå för din stockpicker-portfölj, då blir det lättare att följa utvecklingen och särskilja från de andra portföljerna i investeringsraketen.

Utrustade med ett antal gyllene regler från världens proffsinvesterare – och en strategi för att bygga upp ditt sparande i tre steg där varje portfölj har sin unika utgångspunkt – är det nu dags för dig att sätta igång. Men acceptera att det får lov att ta tid att nå målet. Det är ingen självklarhet att alla tre stegen passar alla investerare. Tvärtom, det första steget av investeringsraketen kan vara ett fullgott sparande för många – eller åtminstone en utmärkt start för att längre fram fortsätta med de två följande delarna av strategin. Jag vill återigen understryka att modellen är min rekommendation för ett långsiktigt och framgångsrikt portföljbygge. Det är *ett* sätt att arbeta på, det är så jag gör. Bara du kan bestämma om det tillvägagångssättet även passar dig.

”Know what you own, and know why you own it.”

Peter Lynch

GUIDE FÖR ATT HITTA GULDKORNEN TILL DIN PORTFÖLJ

1. Öppna en ISK som du ska använda för dina investeringar så slipper du skatta för reavinster och gör deklarationsarbetet enklare.
2. Identifiera branscher och trender som du tror kommer att växa i framtiden och leta upp bolag som kan gynnas av dessa långsiktiga trender.
3. Gör en lista på bolag som generellt känns intressanta för dig och vars verksamhet du förstår dig på.
4. Läs på genom att ladda ner företagets årsredovisning, besöka dess sajter och håll utkik efter nyheter som påverkar bolaget.
5. Lär dig att pris och värde är olika saker. Gör en enkel värderingsanalys, förslagsvis genom att titta på hur många gånger vinsten bolaget värderas till och jämför det med liknande bolag i samma bransch.
6. Skapa en ”intresseportfölj” och investera ett mindre belopp i de bolag som du tycker stämmer överens med dina kriterier.
7. Lär känna dina intressebolag bättre genom att följa kursutvecklingen under en period samtidigt som du får chans att lära dig mer om bolaget och se vad olika analytiker anser om företaget.
8. Skapa din riktiga portfölj genom att välja ut exempelvis åtta aktier från din intresselista, dessa blir nyckelspelarna i din laguppställning.
9. Fördela den totala investeringssumman jämnt mellan innehaven och sprid ut köpen över tid.
10. Balansera successivt värdeförändringarna inom portföljen genom att minska innehavet något av de aktier som stigit i värde, samtidigt som du ökar i de aktier som sjunkit i värde.
11. Håll dig till din förutbestämda strategi om hur många aktier som ska finnas i portföljen och hur du ska agera om kurserna går upp eller ner för de enskilda innehaven. Gör en grundligare ”städning” av hela din portfölj 1–2 gånger per år.

Så här har jag gjort – nu är det din tur!

MÅLSÄTTNINGEN MED DEN HÄR BOKEN är att du återtar kontroll över ditt sparande och tar tillvara de möjligheter som faktiskt finns för att bli ekonomiskt oberoende. Aktiemarknaden är en arena för alla och med några enkla insikter och en gnutta arbete kan du se din förmögenhet växa avsevärt snabbare än om du lämnar över frågan till andra.

Du behöver inte vara förmögen för att börja, däremot är det en stor fördel om du skapar utrymme i din budget för ett visst sparande varje månad. Allas förutsättningar är olika, för många är det en kamp att få kassan att räcka hela månaden. Men då måste man helt enkelt anpassa utgifterna därefter. Med lite klok planering och småländsk självdisciplin går det i princip alltid att lägga undan en slant. Kanske hjälper det att tänka att din sparade hundralapp idag motsvarar en tusenlapp om ett antal år. Jag vill understryka att jag själv började utan något större startkapital än några sparade barnbidrag som jag fick av mina föräldrar när jag fyllde 18. Under alla år som jag studerade, bodde i en studentkorridor på 9,8 kvadratmeter och levde på marginalen, försökte jag att hitta extra inkomstkällor genom att arbeta på helger och lov för att täcka de månatliga överföringar på ett par hundralappar som jag hade bestämt mig för att göra.

Investeringsraketen, med sina tre olika portföljstrategier, har visat sig vara en bra metod för mig, och borde därför även kunna vara det för dig. Upplägget skapar en form av systematik som visat sig ge bra avkastning över lång tid – en portfölj som kombinerar långsiktigt passivt sparande, kontinuerligt kassaflöde från högutdelande aktier och fin värdetillväxt i några utvalda tillväxtbolag.

Mitt sparande i tre steg

Följaktligen arbetar jag alltså med tre separata konton där varje depå utgår från de olika delarna av investeringsraketen. Uppdelningen gör det lättare att jämföra och följa upp prestationen mellan portföljerna och det blir också lite av en tävling mellan de olika strategierna.

Steg 1: Varje månad har jag – och har haft under många år – en stående överföring till en indexfond. Jag har valt en av nätmäklarnas fonder utan avgifter. Lätt att förstå, lätt att komma igång och lätt att följa upp. Jag ser det som mitt eget pensionssparande, en portfölj som får växa av sig själv till den dagen jag behöver pengarna. Som en bonus återinvesteras de årliga utdelningarna på 3–4 procent av portföljvärdet i nya fondandelar. För ett par år sedan fick jag barn och för att följa strategin har vi satt upp en depå i hans namn där en del av barnbidraget investeras i samma fond. Förhoppningsvis kan det bli ett bidrag till studier eller insats i ett eget boende när han blir lite äldre.

Mitt sparande:
Automatiskt månadssparande i en av nätmäklarnas indexfonder utan avgifter.

I mitt fall ligger innehavet i en vanlig depå. Alternativet med ISK fanns inte när jag startade mitt långsiktiga sparande. Förutsatt att jag antar att börsen fortsätter utvecklas i linje med den historiska tillväxten vore det mest kloka att flytta innehavet till en ISK. Dock innebär det att jag måste realisera många års upparbetade vinster och betala 30 procent kapitalskatt på överskottet. Det bär emot, även om det med dagens förutsättningar vore det kalkylmässigt klokaste alternativet.

Steg 2: Den andra delen av investeringsstrategin, ”sedelpressen”, har jag blivit allt mer förtjust i de senaste åren. Därför har jag också successivt ökat den totala andelen av mitt sparande just till denna depå. Kanske har det med åldern att göra – eller att jag fått barn – men jag tilltalas av tanken på ”säkra” och kontinuerliga utdelningar som trillar in på kontot utan att jag behöver anstränga mig särskilt mycket – pengar som blir ett välkommet komplement till den lön jag tar ut. Målet är alltså inte spekulation eller kraftig kursutveckling i de enskilda innehaven, istället värdesätter jag stadiga kassaflöden som hjälper mig att finansiera mina levnadskostnader.

I min roll som egen företagare tar jag ut en relativt modest lön. Under alla omständigheter vill man undvika den så kallade brytpunkten för statlig inkomstskatt (för närvarande motsvarande en bruttolön på cirka 49 700 kronor per månad). Som anställd är det lätt att glömma att arbetsgivaren dessutom betalar arbetsgivaravgifter på bruttolönen (ca 32 procent). För varje skattad lönekrona som jag får i handen blir kostnaden för bolaget nästan tre gånger så stor! I utdelningsportföljen blir kalkylen avsevärt mer smakfull. Som egenföretagare får man också leva med osäkerheten om man överhuvudtaget kan ta ut någon lön vissa månader. Genom att bygga min egen sedelpress kompenserar jag för den osäkerheten och skapar ett skattemässigt smartare sätt att försörja mig själv.

Min sedelpress består i skrivande stund av 13 innehav, däribland ett par av de preferensaktier som jag beskrev i föregående kapitel som industrikonglomeratet Volati samt fastighetsbolaget Genova. Därtill har jag några ytterligare fastighetsbolag som till sin natur påminner om preferensaktier men är stamaktier: SBB D, Cibus, Logistri och Akelius. Utöver dessa finns några av storbankerna liksom nischbanken Resurs i utdelningsportföljen. Avslutningsvis har jag adderat företag från andra branscher för att få bättre riskspridning. Här kan nämnas bettingbolaget Kindred, lastbilsbolaget Volvo, teleoperatören Telia, finansbolaget Intrum, bostadsutveckilngsbolaget JM samt industrikonglomeratet Beijer Alma och IT-konsultbolaget Ework. De senare är alltså vanliga stamaktier som jag har haft under en lång tid och där utdelningsbeloppet successivt höjts under åren. Alla aktierna finns samlade i en ISK som jag döpt till sedelpressen.

Mina innehav ger en årlig direktavkastning på strax under 7 procent räknat på investeringsbeloppet. Det får klassas som högt. Räknar jag bort schablonskatten som dras från ISK-kontot blir det kvar lite drygt 6,5 procent.

Den höga nivån beror delvis på att några av bolagen höjt utdelningarna de senaste åren, delvis på att jag har varit beredd att ta en viss extra risk genom att investera i just banker och fastigheter som ger en generellt sett mycket hög direktavkastning. Ur ett riskperspektiv har jag möjligen en alltför stor exponering just mot fastighetsmarknaden där risken är att räntorna stiger och därmed påverkar priserna för bostäder och kontorslokaler negativt. Innehavet i bankaktier balanserar risken något eftersom bankernas intjäningsförmåga normalt ökar när räntorna stiger. Ett varningens finger ska dock höjas för så kallade enfastighetsbolag där investerare lockas av hög utdelning, men där man ofta underskattar risken i såväl bolagets skuldsättning som dess beroende av en eller ett fåtal hyrestagare. Börsens mindre listor svämmar numera över av denna typ av bolag och som investerare bör du vara försiktig. Ofta har bolagen konstruerats av finansbolag snarare än underliggande entreprenörer. Handeln i dessa aktier är dessutom liten och det kan vara svårt att sälja sitt innehav när man vill utan att det påverkar prisbilden.

För att öka den absoluta totalavkastningen har jag valt att lånefinansiera utdelningsportföljen. Det är något som jag egentligen inte vill rekommendera andra eftersom risknivån blir så mycket högre. Men för min privata del har jag övervägt riskerna och kommit fram till att det är rätt strategi för mig. Lyckligtvis har jag haft möjlighet att utöka mitt bolån tack vare en omvärdering av min lägenhet, en lyx som jag vet att alla inte har. Självklart betalar jag ränta på lånet, men utifrån nuvarande förutsättningar har jag en god marginal mellan avkastningen i portföljen och räntekostnaderna. Det blir lite som att sätta en turbomotor på sedelpressen.

Mitt innehav:

En korg av 13 aktier i olika branscher med hög – och historiskt stabil – direktavkastning samt preferensaktier. Årlig direktavkastning: knappt 7 procent före skatt och räntekostnader.

Steg 3: Avslutningsvis kompletterar jag mitt sparande med en portfölj av tillväxtbolag vars aktier jag tror kommer att stiga i värde under lång tid framöver. Kursutvecklingen, snarare än utdelningarna, är det primära målet. Föga förvånande är det också i denna portfölj som jag lägger ner mest tid – de andra två sköter sig bäst själva. Jag har skapat en bevakningslista med ett tiotal bolag där jag äger ett mindre antal aktier och utifrån denna lista väljer jag därefter bolag som kvalificerar sig som stjärnor i uppställningen.

Min portfölj är fördelad på 10 innehav i olika branscher. Varken fler eller färre. Jag har läst på om bolagen, följer med i nyhetsrapporteringen, tror på branschen och har bekantat mig med aktierna under lång tid. Och jag försöker skapa mig en uppfattning om vad som borde kunna vara ett rimligt värde på aktierna genom att använda några av de värderingstekniker som beskrivs mer i detalj i appendixet längst bak i boken.

Utan att i detalj skriva ut vilka innehaven är – med risk att den listan skulle kännas hopplöst inaktuell när du läser den här boken – kommer här ett allmänt resonemang kring hur jag tänker.

Spelbranschen har de senaste åren genomgått stora förändringar när konsumenter numera spelar via digitala kanaler istället för att springa till tobaksaffären med sina lottokuponger. Som en konsekvens har ett oändligt antal bettingbolag lanserats. I populära branscher är det ofta underleverantörerna som är de mest intressanta ur ett investeringsperspektiv. Några av spelbranschens motsvarigheter till Klondykes ”spadar och hackor” är plattformsleverantörerna Evolution Gaming, Kambi och Aspire som alla är värda att hålla ett öga på.

Inom en annan del av spelbranschen finns även de som utvecklar spel till datorer och mobiler. Embracer som äger och vidareutvecklar en stor katalog av nya och gamla spel är en favorit och en annan är Paradox.

Vidare på digitaliseringsspåret hittar vi bolag som till exempel Fortnox som tidigt lanserade moln- och webbtjänster för bokföring och fakturering riktat till mindre och medelstora företag. Kursutvecklingen har varit fenomenal och det är intressant att fundera över vilka andra tjänster som kan gå samma väg. Och i arbetet med att digitalisera alltfler tjänster finns IT Konsulterna som kan skära guld med täljkniv i takt med att efterfrågan på deras tjänster ökar.

Bostadsbrist har länge varit ett samhällsproblem och inom det området finns det bostadsutvecklingsbolag som specialiserat sig på prisvärda lägenheter för den breda marknaden. Ett sånt exempel är K-fast. Även om marknaden för bostadsutvecklare inom premiumsegmentet svajat betänkligt de senaste åren så kvarstår problematiken – folk måste ha någonstans att bo. När marknaden handlat ner hela branschen öppnar sig möjligheter för bolag som har god finansiering och arbetar inom rätt segment. Inte minst de som specialiserat sig på att rusta upp lägenheter i de enorma miljonprogrammen har haft en fantastisk utveckling, och kommer säkert att ha det under en lång tid framöver. Och när det ska byggas måste någon göra jobbet och leverera innehållet. Vilka ligger bäst till för den uppgiften? Kanske hittar vi kursvinnare även där.

Inom finanssektorn finns det spännande möjligheter och ett antal av nischbankerna är intressanta att hålla koll på. Resurs Bank och TF Bank är några som lyckats bra inom det lukrativa området med konsumentkrediter.

Medveten om politiska risker är företag inom välfärdssektorn intressanta att utvärdera. Numera finns det en uppsjö av bolag inom äldreomsorg, privatskolor och sjukvård listade på börsen. Ofta drivs de med långa kontrakt och visar stadiga kassaflöden. Att befolkningen blir äldre – och allt fler söker privata alternativ – är en underliggande tillväxtfaktor för många av bolagen i branschen.

Servicebolag till järnväg och kollektivtrafik är en annan intressant sektor att spana in. Inte minst i takt med att det eftersatta järnvägsnätet ska restaureras. Railcare är ett exempel, bussoperatörsbolaget Nobina ett annat.

Ungefär på detta sätt arbetar jag för att hitta mina guldkorn i portföljen. Ofta börjar det med en allmän idé om bransch eller samhällstrend, därefter försöker jag identifiera investeringsmöjligheter som matchar såväl kriterierna för långsiktig tillväxt som rimlighet i värdering, lär känna de olika företagen lite närmare och följer kursutvecklingen – innan jag låter dem slåss om att platsa i huvudportföljen.

Att bli en framgångsrik stockpicker kan upplevas som svårt. Men det är samtidigt väldigt spännande och ger dig möjlighet att tjäna riktigt mycket pengar. Att följa portföljutvecklingen och jämföra prestationen med hur andra lyckas inkluderar en stor portion av tävlingsmoment. Gillar man det är det svårt att inte bli entusiastisk. Att bli en framgångsrik stockpicker handlar inte om tur, och ska heller inte förväxlas med spekulation. Genom att arbeta på ett långsiktigt och metodiskt sätt vänder du oddsen till din fördel.

Är du redo att sätta igång ...

Som jag nämnt många gånger i tidigare kapitel finns det förmodligen lika många råd kring investeringar som det finns personer som försörjer sig inom finanssektorn. Genom att bygga upp ditt sparande på ett metodiskt sätt är målsättningen att du ska få maximal avkastning i relation till risk och tidsåtgång.

Som nybörjare är det viktigaste att du kommer igång med någon form av sparande. Det är lite som motion: bra träning är den som blir av. Samma sak med sparande. Förhoppningsvis kan den här boken hjälpa dig att undvika de vanliga nybörjarfällor som många trillar i. De investeringsbeslut du gör idag kan få stora konsekvenser på lång sikt.

Att investera i aktier är inte bara ekonomiskt belönande, det är samtidigt kul och stimulerande. Intresset för samhällsdebatten och företagsamhet går hand i hand med investeringarna.

Investeringsraketen med ett långsiktigt månatligt sparande som bas, kompletterat med en portfölj av innehav som ger stabila utdelningar, och toppat med en portfölj av guldkorn som ger extra värdeutväxling, är ett sätt arbeta på. Min erfarenhet har lärt mig att stabil avkastning med begränsad risk är en vinnande kombination över tid. Genom att arbeta på det här viset har jag utan något större startkapital själv lyckats bygga upp ett kapital som gör mitt liv bekvämare än vad det annars hade varit. Pengar är självklart ingen garanti för ett långt och lyckligt liv. Men ekonomisk frihet att styra över sitt liv, inklusive trygghet för dig och din familj, gör förstås livspusslet avsevärt enklare.

… eller vill du fördjupa dig mer först?

Känner du att den här boken gav mersmak, men att du ännu inte riktigt är redo att börja på allvar finns det massor av litteratur, sajter och tidningar som kan hjälpa dig att få en djupare kunskap. Här är ett litet urval av böcker, tidningar och webbtjänster som jag kan rekommendera.

Böcker

- *Köp billigt, sälj dyrt,* Mattias Eriksson, Bookhouse: Fördjupning inom bolagsvärdering, inte minst hur man gör kassaflödesanalyser. Ganska avancerad för nybörjare, men bra om man vill gå på djupet.
- *Den enkla vägen att lyckas med aktier,* Marcus Hernhag, Sterners förlag: Lättläst och inspirerande men samtidigt matnyttig även för dig som kan en del om aktiemarknaden. Samme författare har nyligen kommit ut med uppföljaren *Den enkla vägen – bli rik på aktieutdelning* som jag själv ännu inte läst men förmodar är särskilt värdefull för dig som tilltalas av den andra delen av investeringsraketen.
- *Bli grymt rik på aktier – så enkelt är det att bli miljonär,* Anders Haskel, Aktiespararna Kunskap: Mångårig aktieskribent och analytiker som delar med sig av sina erfarenheter och råd kring investeringar och kapitalförvaltning.
- *Lögn, förbannad lögn och prognoser,* Alf Riple, Norstedts: En tänkvärd och välskriven bok som omvärderar värdet av analytikernas prognoser och med glimten i ögat visar att det mesta vi tror om finansmarknaden är fel.
- *Investeringsboken,* Anders Ström, Lind & Co samt *Världens 99 bästa investerare,* Magnus Angenfelt, Roos Tegnér: Inspiration för ditt eget portföljbygge där författarna analyserar hur historiskt skickliga investerare gjort för att lyckas.

Tidskrifter

- *Affärsvärlden*: Matnyttig veckoskrift som blandar företagsanalyser med personporträtt och allmän nyhetsbevakning om aktiemarknaden.
- *Aktiespararen*: Föreningen Aktiespararnas medlemstidning som, utöver enskilda analyser och intervjuer, även ger praktiska råd kring juridik och skatter. Månadstidning, ingår i medlemskapet – ett medlemskap som är ett måste för alla som är intresserade av aktiemarknaden.
- *Börsveckan*: Veckotidning fullmatad med analyser och portföljtips (bland annat den Utdelningsportfölj som jag refererat till).

Webbsajter

- *Aktiespararna.se*: mängder av matnyttig information och artiklar för dig som vill lära dig mer.
- *Börsdata*: Omfattande databas med nyckeltal och kurshistorik för börsens alla bolag. Särskilt lämplig för dig som vill göra egna analyser till ett rimligt pris.
- *Börsplus*: Webbaserad tjänst med träffsäkra analyser och portföljtips. Tjänsten har ett samarbete med nätmäklaren Nordnet och delar av innehållet publiceras även genom Svenska Dagbladets sajt.
- *Shareville*: En tjänst som ingår i nätmäklaren Nordnets utbud där man kan följa andra investerares affärer och använda dem som recept för egna investeringar.
- *Nätmäklarnas sajter*: Såväl Avanza som Nordnet har samlat mängder av praktiska funktioner på sina sajter, som portföljgenerator och statistiska verktyg, som kan vara värdefulla och praktiska i ditt eget arbete. Motsvarande tjänster finns sannolikt även hos övriga mäklare, men jag känner inte till dem lika väl.

- *Sigmastocks*: En tjänst som med hjälp av algoritmer och olika verktyg skapar modellportföljer som passar din investeringsprofil.
- *Rika Tillsammans* (www.rikatillsammans.se). Ekonomibloggaren Jan Bolmeson har samlat en imponerande mängd tips, statistik och rådgivning kring alla tänkbara aspekter av privatekonomi.
- *Marcus Hernhag*, samme författare som nämnts ovan, uppdaterar kontinuerligt sina råd från böckerna, och svarar på sin sajt www.hernhag.se på läsarfrågor.

Utrustad med kunskap, strategier och tips från den här boken – och rekommendationer på var du kan förkovra dig ytterligare hoppas jag att du känner dig redo att börja din egen resa. Nu är det din tur. Lycka till!

"The stock market
is filled with individuals
who know the price of
everything, but the
value of nothing."

Philip Arthur Fisher

Resultaträkning

Hävstång

Anläggningsti

Stöd

Investm

Baiss

Fondkommissionär

WACC

Blanc

Volati

Diskonteringsrä

Utdelningsandel

Yield

Balansomslutning

Kapitalf

Swap

Kvo

Pilo

Hausse

Omsättningshastighet

Sk

odwill A-aktie
gång Totalt kapital
tbolag
Dogs of the Dow
msättningshastighet
ån Motstånd
et
ta Settlement
ertifikat
rsäkring
värde Daytrader
Proforma
kolan Nuvärde
dsättningsgrad

Aktiekapital

Ordlista

FINANSMARKNADEN ÄR FYLLD AV MÄRKLIGA UTTRYCK och fikonspråk, det är lätt att känna sig förvirrad även för någon som arbetat med aktier länge. Här kommer en förteckning över ord och uttryck som du ofta stöter på. Listan är inte på något sätt komplett, men kan åtminstone vara en hjälp att göra livet som investerare mer begripligt.

Om du undrar över uttryck och ord som du inte hittar i den här förteckningen får du gärna höra av dig till författaren så att listan kan kompletteras inför framtida omtryck. Kontaktuppgifter hittar du i början av boken.

A-aktie

Många företag delar upp aktiekapitalet i olika aktieklasser där A-aktierna normalt har fler röster än B-aktierna. På så sätt kan exempelvis en grundare behålla makten i ett företag trots att man inte äger lika stor andel av bolaget.

Aktiekapital

Antal aktier som finns i bolaget multiplicerat med det så kallade kvotvärdet. Om det finns 1000 aktier i bolaget som vardera har ett kvotvärde på 50 kronor är bolagets aktiekapital 50 000 kronor, vilket också är det lägsta beloppet ett svenskt aktiebolag kan ha i aktiekapital. Aktiekapitalet utgör en del av bolagets egna kapital.

All time high

Kursrekord för en enskild aktie eller index.

Andrahandsmarknad

Handel i ”begagnade” värdepapper, exempelvis när en aktie köps och säljs på börsen utan att involvera själva företaget.

Ankarinvesterare

Större investerare som förbundit sig att teckna en viss andel av aktierna i samband med en nyemission eller börsintroduktion.

Anläggningstillgång

Ett bolags långfristiga tillgångar, exempelvis maskiner eller andra tillgångar som avses att användas under många år.

Apportemission

Avser vanligtvis att betalning för nyemitterade aktier i ett bolag erläggs med annan egendom än kontanter såsom aktier, fastigheter, maskiner, patent och uppfinningar.

Avkastningsindex

Sammanvägd avkastning för en grupp aktier där man inkluderar utdelningar.

Avkastningskrav

Din (eller marknadens) förväntan/krav på avkastning för att acceptera risken som är förknippad med investeringen.

Avstämningsdag

Den dag du ska vara registrerad som aktieägare för att få rätt till utdelning.

Baisse

Uttryck för kraftiga nergångar under kortare tidsperioder. Av franskans baisse, ”sänkning”. Motsats till *hausse*.

B-aktie

Aktieklass som normalt har färre röster (se A-aktie).

Balansomslutning

Summan av ett bolags alla tillgångar i balansräkningen, vilket är detsamma som summan av bolagets alla skulder plus det egna kapitalet.

Balansräkning

Förteckning över ett bolags alla tillgångar och skulder. Differensen utgör bolagets egna kapital, det vill säga aktieägarnas kapital.

Bear market

Avser en marknad med kraftigt fallande priser. Definitionen varierar för när en bear market (björnmarknad) inträffar, vanligen avses att aktiekurserna gått ner minst 20 procent. Uttrycket härstammar från att en björn slår uppifrån och nedåt.

Betavärde

Statistiskt mått som visar hur en enskild aktie rör sig i förhållande till marknaden. Ett högt betavärde indikerar en aktie som svänger mycket i förhållande till index. Ett beta på 1,0 innebär att aktiens svängningar är identiska med börsens svängningar. Vanligast är dock att en aktie brukar svänga mer eller mindre än börsen, vilket innebär att beta-talet för en aktie ofta är högre eller lägre än 1,0. Ett högt betavärde definieras enligt finansteori som högre risk.

Black & Scholes-formel

Modell för att räkna ut det teoretiska värdet för en option där faktorer som lösenpris, löptid och volatilitet (risk) i det underliggande värdepapperet inkluderas.

Blancolån

Lån utan säkerhet.

Blue chip

Begrepp för stora, "säkra" och lönsamma bolag.

Bolagsstämma

Ett aktiebolags högsta beslutande organ. Bolagsstämman tillsätter styrelsen som i sin tur tillsätter bolagets vd. På bolagsstämman beslutar aktieägarna bland annat om hur mycket av årets vinst som ska delas ut till ägarna. Man godkänner också resultat- och balansräkning och ger styrelsen och vd ansvarsfrihet för det gångna året. Det är i samband med bolagsstämman som en akties röstvärde är av betydelse.

Budplikt

När en aktieägare förvärvat minst 30 procent av rösterna i ett börsnoterat bolag utgår en budplikt där övriga aktieägare ska erbjudas att sälja sina aktier. Undantag kan förekomma.

Bull market

Benämning på att marknaden rör sig långsiktigt uppåt, där tillfälliga nedgångar är rekyler. Motsats till bear market. Uttrycket kommer från att tjurar (bulls) stångar underifrån och lyfter upp sina motståndare.

Börsvärde

Antal utestående aktier i bolaget multiplicerat med den aktuella aktiekursen.

Certifikat

Ett skuldebrev som ger avkastning utifrån någon underliggande tillgång.

Churn

Kundomsättning – ett uttryck för att beskriva hur stort bortfall av kunder ett företag har. En hög churn betyder alltså att många kunder försvinner.

Contrarian

Investeringsstrategi som går ut på att investera ”mot marknaden”, exempelvis i aktier som gått ner mycket i pris.

Corporate bullshit

Floskler som används av företagets ledning och styrelse för att skönmåla verksamheten.

Courtage

Priset som en mäklare tar ut i samband med köp och försäljning av ett värdepapper.

Daytrader

Investerare som gör många och snabba affärer.

DCF – Discounted cash flow

Nuvärdesberäknade kassaflöden. Används som en modell för att räkna fram värdet på en aktie utifrån framtida prognoser.

Derivat

Värdepapper som skapas utifrån en underliggande tillgång, exempelvis en aktie eller råvara. Optioner och terminer är exempel på derivat.

Direktavkastning

Ett företags utdelning i förhållande till den aktuella kursen, mätt i procent.

Diskontera

Att i förväg räkna in något, exempelvis framtida vinstökningar i ett företag.

Diskonteringsränta

Räntesats som uttrycker avkastningskravet på investerat kapital, ibland kallat kalkylränta.

Disponibel inkomst

Pengar som finns kvar av inkomsten efter att man betalat skatt – och som kan användas för konsumtion och investeringar.

Diversifiering

Riskspridning.

Dogs of the Dow

Avser bolag som värderas relativt lågt (strykhundar) i förhållande till den utdelning de ger. Dow är en förkortning av det amerikanska indexet Dow Jones.

Due diligence

Genomlysning av ett företags ekonomi, avtal och organisation, ofta i samband med ett förvärv.

Duration

Uttryck för löptid på räntebärande värdepapper som obligationer, justerat för ränteutbetalningar före värdepapprets förfall.

EBIT

Earnings before interest and tax. Företagets vinst före finansiella intäkter och kostnader samt skatt. På svenska översätter man det till rörelseresultat.

EBITA

Earnings before interest, tax and amoritization. Rörelseresultat före eventuella nedskrivningar (värdejusteringar för olika balansposter).

EBITDA

Earnings before interest, tax, depreciation and amoritization. Samma som för EBIT men utan att räkna in kostnader för avskrivningar och nedskrivningar. Resultatet blir en variant av hur stora kassaflöden som företagets rörelse genererar före investeringar i anläggningstillgångar och varulager.

EBT

Earnings before tax. Vinst före skatt.

Eget kapital

Skillnaden mellan ett bolags tillgångar och skulder, pengar som tillhör aktieägarna. Det egna kapitalet delas upp i *bundet* respektive fritt eget kapital, det senare är *fritt* att delas ut till aktieägarna.

Enterprise Value

Företagsvärdet när man tar hänsyn till de räntebärande skulder och de likvida medel som finns i balansräkningen. Beräknas lättast genom att utgå från börsvärdet och *addera* värdet på de räntebärande skulderna och *dra ifrån* värdet på kassan (nettoskulden). Företagsvärde sätts ofta i relation till rörelseresultatet och kallas då EV/EBIT.

EPS

Earnings per share. Vinst efter skatt per aktie.

ETF – Exchange Traded Funds

ETF:er, börshandlade fonder, kan köpas och säljas under dagen (till skillnad från fonder som normalt handlas en gång per dygn). ETF:er är oftast baserade på indexfonder med låga avgifter, men kan också vara specialiserade på någon viss råvara eller korg av utvalda aktier.

”Fill or kill” / ”fill and kill”

Ett begrepp i samband med orderläggning som innebär att en köp- eller säljorder endast går igenom om *alla* aktier kan köpas (eller säljas) omedelbart för den angivna kursen. Om inte så makuleras ordern (till skillnad från en vanlig order som normalt gäller under hela handelsdagen). För ”fill and kill” gäller att ordern makuleras direkt efter att så många *aktier som möjligt* köpts eller sålts till den angivna kursen.

Fondemission

En möjlighet för ett bolag att öka aktiekapitalet (företagets egna bundna kapital) genom att trycka upp fler aktier utan att ändra kvotvärdet. En Fondemission på 2:1 innebär att du som aktieägare får dubbelt så många aktier, vilket teoretiskt skulle innebär att aktiekursen också halveras. Kan jämföras med en Split med skillnaden att bolagets aktiekapital då förblir intakt.

Fondkommissionär

Företag som får bedriva värdepappershandel efter tillstånd av Finansinspektionen.

Fundamental analys

Aktieanalys som utgår från bolagets underliggande verksamhet och framtidsutsikter, exempelvis omsättning, lönsamhet och skuldsättning. Kan jämföras med teknisk analys som bygger på analys utifrån historiska kursrörelser i aktien.

Företagsrekonstruktion

Ett företag på obestånd kan ansöka om rekonstruktion hos Tingsrätten. Företaget är då skyddat från konkurs under en period för att förhandla med långivare och försöka få bolagets finanser i bättre skick. I USA kallas förfarandet för ”Chapter 11”.

Glidande medelvärde

Metod att skapa en serie av medelvärden från en given mängd av värden. Ett vanligt sätt är att bilda medelvärdet av alla värden i ett visst tidsintervall, ett fönster, så att medelvärdet kan förändras när fönstret flyttas, eller glider, framåt eller tillbaka i tiden. Används oftast inom så kallad teknisk analys för att identifiera kurstrender som kan ge köp- eller säljsignaler.

Goodwill

Goodwill uppstår när ett företag förvärvar ett annat och priset är högre än det egna kapitalet. Goodwill klassas som en anläggningstillgång och blir en post i det förvärvande bolagets balansräkning. Som investerare ska man vara uppmärksam på om det finns stora goodwill-värden i ett företag, eftersom värdet på dem kan vara osäkert då de inte representeras av fysiska tillgångar.

Gordons formel

Används för att beräkna slutvärdet, residualvärdet, när man gör en kassaflödes-värdering: Div / (r–g) där div står för utdelningen eller kassaflödet, r står för avkastningskravet och g står för den framtida och eviga utdelningstillväxten.

Hausse

Uttryck för kraftigt stigande aktiekurser under en period. Från franskans *hausse*, ”förhöjning” eller ”ökning”. Motsats till *baisse*.

Hedgefond

En specialfond med friare placeringsregler än en vanlig fond. Brukar normalt ha en annan avgiftsstruktur än vanliga fonder. Hedge betyder häck och symboliserar att denna fond skulle kunna vara en säkrare placering än andra fonder eller direktinvesteringar i aktier. Namnet är dock missvisande eftersom en hedgefond kan ta väldigt stora risker.

Home bias

Begrepp för att man som investerare är överviktad på hemmamarknaden.

Hävstång

Används bland annat som benämning när man lånefinansierar sin portfölj och därmed kan få relativt högre (eller lägre) avkastning på sitt eget kapital.

Insider

Benämning på personer som har information om ett noterat bolags affärer som inte är allmänt känd på marknaden. Det är olagligt att utnyttja insiderinformation för att göra affärer. Ledande befattningshavare och styrelsepersoner är registrerade i ett insiderregister hos Finansinspektionen och måste rapportera när de köper eller säljer aktier i det aktuella bolaget. Som investerare kan det vara en bra strategi att hålla koll på detta insiderregister som vägledning för egna affärer.

Investmentbolag

Bolag vars affärsidé är att investera i andra företag.

Investeringssparkonto, ISK

En värdepappersdepå där man betalar en schablonskatt på depåvärdet istället för att beskatta reavinster och utdelningar. För närvarande (maj, 2019) uppgår det årliga schablonbeloppet till ca 0,4 procent av värdet i depån (man bör alltså inte ha en stor andel kontanter i sin ISK under längre perioder eftersom man även betalar skatt på dem). Skattesatsen är knuten till statslåneräntan. ISK är ett fördelaktigt alternativ till en vanlig depå, särskilt om man är aktiv i sin portfölj. Eventuella reaförluster kan dock inte kvittas mot andra inkomster.

IPO

Står för Initial Public Offering och är det amerikanska begreppet för en börsintroduktion.

ISIN-kod

Internationell standard för att identifiera olika värdepapper.

Kapitalförsäkring

Kan jämföras med en ISK gällande schablonbeskattning istället för reavinstbeskattning. Formellt ägs värdepapperen av ett försäkringsbolag (ofta ett underbolag till banken/mäklaren) där du (eller någon annan) är förmånstagare. Företag kan använda en kapitalförsäkring för investeringar, vilket är fördelaktigt om man är aktiv i sin portfölj. Eventuella reaförluster kan dock inte kvittas mot andra inkomster.

Kassaflöde

Avser hur mycket pengar, likviditet, som genereras i bolaget. Skillnaden mellan inbetalningar och utbetalningar – skiljer sig från redovisningsbegreppen intäkter och kostnader. Ett företag kan ha negativa kassaflöden men ändå visa en vinst i resultaträkningen. Vanligen beror det då på stora investeringar i maskiner eller varulager.

Konvertibel

En blandning mellan aktie och obligation. Brukar ge en fast ränta på det investerade beloppet med möjlighet att konvertera lånebeloppet till aktier till en förutbestämd kurs.

Kortfristiga skulder

Balansräkningspost som avser kortfristiga (oftast) räntefria skulder, exempelvis leverantörsskulder.

Kvotvärde

Det nominella värdet på en aktie. Kvotvärdet gånger antalet aktier utgör bolagets aktiekapital.

Källskatt

Äger du aktier i bolag som är noterade i andra länder dras en källskatt på reavinsten direkt i det landet. Om du äger aktierna genom en ISK eller kapitalförsäkring kan du få tillbaka dessa pengar.

Köpoption (call option)

En rätt, men inte skyldighet att köpa exempelvis en aktie till ett förutbestämt pris inom en viss period. Priset på optionen styrs av villkoren för lösenpriset och tidsintervallet, men även på volatiliteten i den underliggande tillgången. Optioner är exempel på derivat och kan ge en investerare stor hävstång. Efter löptidens slut är optionen helt värdelös. Man kan både köpa och utfärda (sälja) köpoptioner. Äger du till exempel aktier i ett bolag kan du utfärda köpoptioner på ditt innehav. Då erhåller du optionspremien, men förbinder dig samtidigt att sälja aktien om optionen utnyttjas. Detta kallas normalt för covered call. Du kan även utfärda optioner utan att äga aktien, naked call. Det senare innebär en mycket stor risk om du tvingas täcka skillnaden mellan lösenpris och aktuell kurs om aktien rusat i värde.

Limit

Gränsvärde för det högsta eller lägsta pris du är villig att köpa eller sälja till.

Loan to Value, LTV

Ett nyckeltal som anger ett företags nettoskulder dividerat med totala tillgångar i balansräkningen.

Lång sikt

Oklar definition men avser oftast investeringar på mer än 1 år. En bättre definition vore att säga 5–8 år med utgångspunkt att perioden, utifrån historiska variationer, ska omfatta en hel konjunkturcykel.

Margin call

När din bank/mäklare kräver säkerhet i nya tillgångar på kontot för att täcka ökad risk. Kan uppstå om du belånat dina innehav eller utfärdar optioner utan att äga den underliggande tillgången.

Mezzanine-lån

Lån som är efterställda banklån och därmed innebär högre risk och högre ränta. Mezzanine betyder "mellanplan" och kommer från att lånen hamnar mittemellan vanliga lån och det egna kapitalet i balansräkningen.

Momentum

Begrepp som avser marknadsrörelse. Investeringsstrategi som används i sammanhanget att "hänga på trenden" när man köper eller säljer en aktie.

Motstånd

Begrepp inom teknisk analys där historiska kursrörelser visar att en aktie har svårt att tränga igenom just denna prisnivå. Om kursen "bryter motståndet" kan det vara en signal om kursen ska fortsätta stiga.

Multipelexpansion

Begrepp som förklarar att värderingen av ett företag stiger mer än de underliggande vinsterna. Nämns ofta i sammanhang kring förvärv där ett köpande bolag värderas till en högre multipel än målbolaget. Genom en omvärdering av de köpta tillgångarna skapas därmed aktieägarvärde.

Månadseffekten

Avser det faktum att börsen historiskt sett presterat bäst vid månadsskiften. Förklaringen kan vara att många fondsparare sätter in pengar i samband med lön, vilket därmed driver upp kurserna.

Nettoandelsvärde, NAV

En fonds värde på alla tillgångar, vilket sålunda styr priset på fondandelarna. Beräknas oftast en gång per dygn.

Nuvärde

Värde på exempelvis framtida kassaflöden framräknat till dagens penningkurs.

Nyemission

När ett företag ger ut, emitterar, nya aktier i utbyte mot kapital eller andra tillgångar i samband med förvärv. Ofta görs nyemissioner med företräde för existerande aktieägare som då tilldelas teckningsrätter i bolaget. Beroende på vilken emissionskurs man beslutat om kan dessa teckningsrätter ha ett värde och kan säljas på marknaden om man inte vill delta i emissionen.

Omsättningshastighet

Används bland annat som begrepp för att beskriva hur aktivt en fond förvaltas. Mäts i andelen köpta/sålda värdepapper i förhållande till fondförmögenhet under de senaste 12 månaderna. Begreppet förekommer också för att beskriva hur snabbt t. ex. ett varulager byts ut, vilket i sin tur påverkar hur mycket kapital ett företags löpande verksamhet binder.

Omvänd split

Sammanläggning av utestående aktier för att få ett rimligt marknadspris på aktien. Ska teoretiskt inte påverka börsvärdet.

Omvänd vinstvarning

Företaget ”förvarnar” om att resultatet sannolikt blir bättre än vad man tidigare indikerat, vilket ofta leder till kraftiga kursuppgångar.

Operativt kapital

Benämning på det kapital som långivare och aktieägare bidragit med för att driva verksamheten.

Option

En rättighet, men inte skyldighet att göra något, exempelvis att köpa en aktie till en förutbestämd kurs inom en viss period (köpoption).

P/B-tal

Price/book. Nyckeltal för att beskriva hur ett bolag eller en aktie värderas i förhållande till det egna kapitalet (book value).

P/CE

Price/cash earnings. Nyckeltal för att beskriva hur ett bolag eller aktie värderas i förhållande till ett förenklat mått på kassaflöde.

P/E-tal

Price/earnings. Nyckeltal för att beskriva hur ett bolag eller aktie värderas i förhållande till vinsten efter skatt.

P/S-tal

Price/sales. Nyckeltal för att beskriva hur ett bolag eller aktie värderas i förhållande till den totala försäljningen, omsättningen.

PEG-tal

Mått där du dividerar P/E-talet med den förväntade vinsttillväxten i bolaget: P/E / vinsttillväxt i procent = PEG. Som tumregel är ett PEG-tal under 1,5 bra, medan ett högre tal kan indikera att aktien är övervärderad.

PIK-lån

Payment in kind. Avser ett lån där ingen kontant ränta betalas ut, utan istället omsätts till fler värdepapper.

Pilotskolan

Benämning för att ledande befattningshavare äger många aktier i det egna bolaget.

Preferensaktie

En aktieklass med särskilda förmåner och villkor, preferenser, framför stamaktierna. Avser oftast företräde till en förutbestämd utdelning. Kan i många fall snarare likställas med en obligation än en aktie.

Primärmarknaden eller förstahandsmarknaden

Samlingsnamn för marknaden för nyemissioner och börsintroduktioner.

Proforma

Begreppet används vanligen vid redovisning när ett bolag genomfört förvärv. Man åskådliggör då hur den nya koncernens räkenskaper hypotetiskt hade sett ut om de förvärvande enheterna hade ingått i koncernen under hela räkenskapsperioden.

Pro rata

Proportionerlig fördelning. Du får exempelvis utdelning pro rata till det antal aktier du äger, eller får teckna dig i en nyemission pro rata till din ägarandel.

Reporänta

Reporäntan är den ränta som en marknadsbank kan låna eller placera till i nationens riksbank, mot säkerhet i form av värdepapper. Förändringar i reporäntan får direkt effekt på marknadsräntorna och därför kallas den ofta styrränta eller Riksbanksränta.

Residualvärde

Används ofta som benämning på "evighetsvärde" i samband med en kassaflödesvärdering. Det vill säga värdet på alla framtida kassaflöden som följer efter de år man prognostiserar själv. Beräknas genom Gordons Formel (se ovan).

Resultaträkning

Sammanställning över bolagets alla intäkter och kostnader.

Riskfri ränta

Avser vanligen räntan på en statsobligation, i beräkningar används oftast en obligation med tio års löptid garanterad av staten.

Riskkapitalbolag

Företag som vanligen fokuserar på investeringar i onoterade bolag.

Riskpremie

Marknadens krav på avkastning, utöver den riskfria räntan, för att godta risken som investeringen innebär. För marknaden som helhet har det inflationsjusterade avkastningskravet länge legat runt 5 procent.

ROC/ROIC (return on /invested/ capital)

Räntabilitet på investerat kapital. Ett mått på bolagets lönsamhet utifrån hur stora investeringar som gjorts för att generera avkastningen.

ROCE (return on capital employed)

Räntabilitet på sysselsatt kapital. Ett mått på bolagets lönsamhet i förhållande till det kapital som långivare och aktieägare bidragit med.

Räntabilitet

Begrepp för att beskriva lönsamheten. Ställs vanligen i relation till eget kapital, sysselsatt kapital eller totalt kapital.

Räntetäckningsgrad

Summan av rörelsevinst och finansiella intäkter delat med räntekostnader. Om nyckeltalet är under 1 innebär det att företaget inte kan finansiera sina lånekostnader själv, vilket är en stark varningssignal.

Rörelsemarginal

Företagets rörelsevinst i förhållande till omsättningen.

Shiller P/E

Aktiekursen i förhållande till bolagets genomsnittliga (inflationsjusterade) vinst efter skatt under de senaste tio åren. Därmed får man en vinstmultipel som inkluderar en hel konjunkturcykel och kan vara mer rättvisande än det vanliga P/E-talet som utgår från det enskilda året. Synonymt till CAPE, cyclically adjusted P/E.

Settlement

Reglering av likvid mot utbyte av värdepapper.

Sharpekvot

Sharpekvot är ett mått på avkastningen i en portfölj eller fond i förhållande till risken (volatiliteten). Det talar om hur mycket avkastning per total risk som förvaltaren har åstadkommit. Ju högre Sharpekvot, desto bättre är förvaltarens riskjusterade utveckling. Måttet beräknas genom att dividera avkastningen utöver den riskfria räntan med avkastningens standardavvikelse omräknad till årstakt.

Skräpobligation – *junk bond*

Elakt begrepp för obligationer som ger hög ränta (och därmed indikerar högre risk). Kallas ofta för *high yield* obligation.

Skuldsättningsgrad

Ett företags totala skulder dividerat med det egna kapitalet, alternativt räntebärande skulder dividerat med det egna kapitalet. Helt enkelt ett mått på hur skuldsatt bolaget är.

Soliditet

Det egna kapitalet dividerat med tillgångarna i företaget. En låg soliditet indikerar att bolaget är högt skuldsatt.

SPAC (special purpose acquistion company)

Detta är benämningen på en ny företeelse på finansmarknaden. I praktiken är det ett bolag utan verksamhet som noteras på börsen med enda syfte att förvärva andra bolag. Processen kan bli snabbare för ett existerande bolag att börja handlas publikt tack vare att det köps upp av ett redan noterat bolag. Många anser att företeelsen är ett tecken på en överhettad och spekulativ marknad.

Split

Uttryck för när bolaget skapar fler aktier, i regel för att sänka marknadspriset på aktien. Aktiens kvotvärde förändras proportionerligt och innebär sålunda ingen förändring av bolagets aktiekapital (till skillnad från fondemission). En split 2:1 innebär att du får dubbelt så många aktier som du hade tidigare. Teoretiskt ska priset per aktie då också halveras på marknaden.

Spread

Prisskillnaden mellan köp- och säljkurs.

Stamaktie

Benämning på bolagets vanliga aktier. Ibland emitterar företaget även aktier med särskilda villkor, exempelvis preferensaktier.

Standardavvikelse

Ett mått på hur mycket priset (för exempelvis en aktie) rör sig i förhållande till sitt eget medelvärde. En hög standardavvikelse innebär en högre risk enligt finansteori.

STIBOR

Stockholm Interbank Offered Rate är en referensränta som visar ett genomsnitt av de räntesatser som ett antal svenska banker sätter för utlåning till varandra utan traditionell säkerhet under olika löptider. Ofta används STIBOR 3 månader som en vanlig referens exempelvis i samband med prissättning av obligationer med rörlig ränta.

Stop loss

Automatisk säljorder när en kurs går ner till ett förutbestämt pris. Kan vara ett sätt att skydda sig mot kraftiga kursfall och kan läggas in via de flesta mäklares sajter.

Stöd

Begrepp inom teknisk analys där historiska kursrörelser visar att en aktie har stöd vid just denna prisnivå. Om kursen "bryter stödet" kan det vara en signal om att kursen kan fortsätta falla.

Swap

Ett derivat där handlare exempelvis kan byta risk eller olika typer av räntebetalningar med en motpart. Används ofta inom valuta- och räntehandel. Inget instrument för vanliga investerare.

Sysselsatt kapital

Allt kapital som långivare och aktieägare bidragit med för att finansiera rörelsen – och därför kräver ersättning för i form av räntor eller aktieutdelningar. Definieras som eget kapital plus räntebärande skulder.

Säljoption (put option)

En rättighet, men inte skyldighet att sälja (exempelvis en aktie) till ett förutbestämt pris inom en viss period. En säljoption kan ses som en försäkring mot framtida kursfall. Man kan även utfärda (sälja) säljoptioner, då blir förhållandet spegelvänt – mot en ersättning (optionspremie) åtar du dig att köpa aktier till en viss kurs. Kan vara en intressant strategi om du bestämt dig för att investera i ett specifikt bolag. Istället för att köpa aktierna direkt utfärdar du säljoptioner och får betalt för det. Om optionen inte blir löst behåller du pengarna och gör en liten vinst. Om aktiekursen däremot går ner och optionen utnyttjas "tvingas" du köpa aktierna, men får lite rabatt eftersom du redan fått betalt för själva optionen.

Teknisk analys

En analysmetod där man med hjälp av historiska kursrörelser försöker dra slutsatser om hur kurserna ska utvecklas i framtiden. Genom att studera kursmönster kan man upptäcka särskilda formationer, motstånd och stöd som tros påverka kursutvecklingen.

Termin

Ett derivat som innebär att köpare och säljare kommer överens om villkoren för en transaktion som ska ske i framtiden.

Ticker

Bokstavskombination som är en förkortning av värdepapperet.

Totalt kapital

Summan av ett bolags alla tillgångar, likvida medel såväl som anläggningstillgångar. Totalt kapital är också summan av företagets skulder och egna kapital.

Utdelningsandel

Hur stor andel av företagets vinst som ska delas ut till aktieägarna. Vanligen styrs detta av företagets utdelningspolicy där man exempelvis kan ha beslutat att hälften av vinsten ska skiftas ut till ägarna varje år.

WACC

Står för weighted average cost of capital och avser den räntesats (diskonteringsränta) som används för att nuvärdesberäkna framtida kassaflöden. Denna viktade kapitalkostnad räknas fram genom att inkludera avkastningskravet som långivare såväl som aktieägare har.

Warrant

Avser i regel en option med lång löptid.

Window dressing

Begrepp som syftar till att ägare och ledning "klär bruden" inför exempelvis en börsintroduktion med förhoppning om att kunna få ett högre pris. Man kanske vidtar kortsiktiga åtgärder för att resultatet ska se bättre ut än vad det annars skulle gjort eller skruvar upp framtida prognoser och finansiella mål.

Volatilitet

Statistiskt mått på hur snabbt och mycket ett pris rör sig i förhållande till sitt medelvärde – vilket enligt finansteori är en indikation på risk. Standardavvikelse omräknat till årsbasis. Att en marknad eller en aktie är "volatil" beskriver att den är nervös och kursrisken därmed hög.

Yield

Avkastning mätt i procent. En bra yield innebär alltså hög avkastning.

Appendix: Aktievärderingens grunder

TIDIGARE I BOKEN BERÖRDE VI YTLIGT frågan om aktievärdering. Det är ett komplext område eftersom det omfattar mängder av såväl företagsspecifika som allmänna marknadsfaktorer. Att titta på historiska siffror för omsättning och resultat är en sak, men när det kommer till prognoser om kommande års vinster och förväntningar på bolagsledningen blir det svårare. Att bedöma den framtida räntenivån – som bland annat styr marknadens riskaptit – är inte heller alldeles enkelt. Alla faktorer spelar in när marknaden sätter ett pris på en aktie.

Ett annat sätt att uttrycka det är att *rätt pris* är vad någon är villig att betala för en vara eller tjänst vid ett givet tillfälle. Samma sak gäller förstås för aktier. Men till skillnad från en vacker tavla, ett smycke, en god flaska vin eller en trevlig upplevelse skänker ägandet av en aktie inte någon särskild njutning för den enskilde personen. Vi måste därför hitta några mer objektiva mått på värdet av en aktie.

Lyckligtvis finns det någorlunda vedertagna modeller för att beräkna ett företags värde. Men innan vi ger oss i kast med det, låt oss börja med att upprepa en fundamental viktig poäng - skillnaden mellan priset på en aktie och värdet på bolaget.

Man kan inte säga att en aktie är billig för att den "bara" kostar några kronor - det som generellt brukar kallas frimärksaktier. Priset på själva aktien säger ingenting om värdet på bolaget med mindre än att vi vet hur många aktier det finns. För att räkna fram börsvärdet måste vi veta både priset och antalet utestående aktier.

Om en aktie handlas i 200 kronor och det finns 1 miljon aktier blir börsvärdet 200 miljoner kronor. Med samma logik värderas ett företag där det finns 100 miljoner aktier som vardera handlas till 5 kronor styck till 500 miljoner kronor. Den "billiga" aktien som kostade 5 kronor styck innebär alltså ett börsvärde som är 2,5 gånger högre än för bolaget vars aktie handlas i 200 kronor.

Börsvärde =
aktuell aktiekurs x antalet aktier i bolaget

Begreppet billigt eller dyrt beror alltså helt och hållet på vad du får för pengarna.

Låt oss göra en tankeövning som kan hjälpa oss att vidga perspektivet något. Lek med idén - hur hypotetisk den än kan kännas - att du inte bara ska investera i några aktier utan överväger att förvärva *hela* bolaget. Frågeställningarna tenderar då att bli lite annorlunda - men i allra högsta grad relevanta även om du är en liten delägare.

Vad skulle vara viktigt för dig om du skulle äga hela bolaget? Att titta på hur omsättningen och vinstmarginalen utvecklats de senaste åren är några självklara aspekter. Men även hur mycket skulder bolaget har - pengar som ska betalas tillbaka vid något tillfälle. Eller om det finns dolda värden i tillgångar som ännu inte realiserats, pengar som skulle kunna delas ut till dig som ägare. Ditt förtroende för vd:n och bolagsledningen skulle definitivt vara avgörande för om du skulle ta över hela verksamheten. En annan intressant frågeställning är om stora investeringar krävs de kommande åren - och hur de i så fall ska finansieras. Och självklart skulle du vilja veta hur många år det skulle ta för dig att tjäna tillbaka din investering i bolaget för att kunna jämföra det med andra investeringsalternativ.

Även om det är svårt att svara på många av dessa frågor när det gäller stora börsbolag är det ändå nyttigt att lyfta blicken från de dagliga aktienoteringarna och istället utgå från hela bolagets förutsättningar att bli en lönsam affär i framtiden. Utifrån det perspektivet blir det faktiskt också helt ointressant hur aktiekursen utvecklats historiskt. Att avstå från en investering för att aktien redan gått upp 25 procent och därmed känns dyr, eller tycka att det är köpläge för att kursen rasat lika mycket, blir då en felaktig utgångspunkt. Likväl är det precis så som många av oss resonerar när vi upplever det som att aktien handlas på rea för 75 kronor bara för att den tidigare har kostat 100 kronor.

Tre generella principer för företagsvärdering

Som nämnts tidigare i boken finns det några generella principer för att värdera aktier. Låt oss fördjupa oss i dessa - för att sedan gå över till ett urval av *nyckeltal* som kan hjälpa oss att identifiera bolag med potential att stiga i värde.

1. Substansvärdering – marknadsvärde på företagets egna kapital

Substansvärdering utgår från att förstå vad de enskilda delarna av bolaget har för marknadsvärde, det vill säga vilken "substans" det finns i bolaget. Vanligtvis brukar man utgå från bolagets egna kapital, vilket är samma sak som bolagets alla tillgångar minus skulder. Men eftersom bolagets redovisningsprinciper inte alltid överensstämmer med marknadsvärden måste man justera för detta för att få fram ett verkligt värde.

Som ett illustrativt exempel skulle du kunna föreställa dig en situation där du är erbjuden att förvärva ett bolag som kommer att läggas ner. Det första du vill göra är att räkna på vad de enskilda delarna kan säljas för. Kanske finns det ett lager som är värt något, likaså en lokal. Möjligen finns det en kunddatabas eller ett IT-system som kan ha ett andrahandsvärde. I vissa fall kan du sälja varumärket. Självklart måste du ta hänsyn till om det finns en kassa eller skulder i bolaget. Dela summan med antalet aktier i bolaget så har du räknat ut aktiens substansvärde, vilket i det här fallet är lika med slaktvärde. Viktigt är alltså att du utgår från marknadsvärdet, något som ofta skiljer sig från det som kallas eget kapital i bolagens redovisning.

Som du förstår är detta resonemang inte särskilt gångbart när du ska värdera de flesta bolag på börsen, eftersom du inte räknar in värdet på själva rörelsen och de framtida kassaflödena. I vissa fall är dock substansvärderingen väldigt relevant, till exempel när du investerar i investmentbolag eller fastighetsbolag. Dessa prissätts efter värdet på de enskilda tillgångarna (alltså värdet av de olika aktieinnehaven för investmentbolaget alternativt de olika fastigheterna för fastighetsbolaget).

Utifrån ett investerarperspektiv kan substansvärderingen vara intressant när du hittar bolag som handlas under sitt substansvärde, det vill säga där du kan köpa 1 krona för ett lägre belopp. Det förutsätter förstås att värdet på tillgångarna är intakt över tid och att bolaget inte går med förlust. Då minskar värdet på bolagets egna kapital, vilket alltså påverkar substansvärdet.

2. Kassaflödesvärdering – värdet av framtida kassaflöden

Den andra metoden blickar istället framåt och utgår från hur mycket pengar som företaget i framtiden kan förväntas generera efter att alla utgifter är inkluderade och investeringar är gjorda. Dessa kallas kassaflöden och skiljer sig från de mer redovisningstekniska termerna ”resultat” och ”vinst” där man inte kostnadsför varulager eller större investeringar, utan istället skriver av dem på ett visst antal år. Kassaflödesberäkningen syftar till att uppskatta hur mycket rena pengar – kassaflöden – som genereras i verksamheten under alla kommande år. För att räkna fram bolagsvärdet nuvärdesberäknar man de framtida kassaflödena till dagens penningvärde med hjälp av en riskjusterad ränta, därefter justerar man för kassatillgångar och skulder.

För att illustrera med ett exempel kan vi utgå från ett företag som har en försäljning på 1 miljon kronor samt utgifter för inköp, produktion, marknadsföring, och löner på 600 000 kronor. Kvar blir följaktligen 400 000 kronor i överskott från verksamheten –

vinst som ska beskattas (vi utgår för enkelhetens skull från att bolaget inte gör några investeringar i varulager eller maskiner och därför inte heller har några avskrivningar). Om skattesatsen är 22 procent innebär det att det finns 312 000 kronor kvar efter skatt, pengar som i teorin ska tillfalla dig som äger bolaget vid något tillfälle.

I vårt enkla exempel utgår vi från att vårt företag bara kommer att existera i 5 år, sedan ska det läggas ner – av någon anledning blir bolaget helt värdelöst efter detta datum. Vi räknar också med att prognoserna under bolagets korta livstid är helt säkra, det finns ingen osäkerhet i att resultaten blir just dessa.

Värdet på företaget blir då summan av 312 000 kronor för vart och ett av åren när vi beräknat dem i dagens penningvärde – en tusenlapp idag är ju mer värd än en tusenlapp som du får om fem år. För att nuvärdesberäkna de framtida kassaflödena använder vi oss av en ränta som vi uppskattar till 3 procent (normalt utgår man från den 10-åriga obligationsräntan som är garanterad av staten samt lägger till en riskpremie, men det hoppar vi över just nu).

Summan av alla dessa belopp blir knappt 1,5 mkr, vilket alltså är det "korrekta" värdet förutsatt att det inte finns några skulder eller kassatillgångar i bolaget. När vi nu lyckats räkna fram detta värde är resten enkelt. Dividera med antalet aktier och du får ett teoretiskt värde som aktien borde handlas till utifrån våra förenklade förutsättningar. Finns det 10 000 aktier i bolaget blir det cirka 150 kronor per aktie. Kan du köpa aktierna billigare än så är det köpläge, handlas de dyrare är det istället dags att sälja.

Exemplet är förstås ytterst förenklat. Dels för att inget bolag på börsen förväntas läggas ner om fem år, dels för att de framtida kassaflödena naturligtvis inte är helt säkra.

För många känns det som en övermäktig uppgift att försöka sig på en kassaflödesvärdering av ett bolag. Hur i hela friden ska man kunna uppskatta vad försäljningen i ett stort börsnoterat bolag ska bli om några år, ännu mindre hur stora investeringar som görs i produktion eller hur mycket pengar man binder i varulager? Sanningen är att det är svårt, för att inte säga omöjligt.

Men med det sagt är en uppskattning alltid bättre än ingen alls, och det är just denna "kvalificerade gissningslek" som mängder av analytiker dagligen ägnar sig åt. Det finns ett antal genvägar och förenklingar som även proffsen använder sig av för att sia om framtiden. Det börjar med att man tittar på historiken. Man brukar utgå från de senaste årens omsättning och kostnader för att få en vägledning om de närmast kommande åren. Har företagets försäljning ökat med 5 procent per år i snitt under de senaste åren kan man kanske utgå från att det gör så även under de kommande fem åren. Om vinstmarginalen varit 10 procent under samma period är det en fingervisning om hur den kommer att bli även under de kommande fem åren. Historiken är lättillgänglig, den hittar man i företagets årsredovisning.

Man brukar inte heller försöka sig på att prognostisera de enskilda posterna i mer än några år framåt, därefter utgår man från att bolagets omsättning och resultat växer i takt med ekonomin som helhet och beräknar ett så kallat slutvärde utifrån antagandet om evig existens (något som enkelt låter sig göras genom en simpel matematisk formel som kallas Gordons formel, se ordlista för vidare förklaring).

För att ta hänsyn till osäkerheten i prognoserna, liksom bolagets skuldsättning, räknar man också fram en diskonteringsränta som används för nuvärdesberäkningen. På amerikanska kallas denna WACC (weighted average cost of capital) – denna inkluderar såväl en riskpremie som en sammanvägd räntekostnad utifrån bolagets kapitalstruktur, det vill säga hur mycket eget kapital respektive lån som finns i bolaget.

Principen att försöka uppskatta värdet av bolagets alla framtida kassaflöden är tilltalande – det är pengar som ska tillfalla dig som aktieägare i någon form. Problemet – utöver att sia om framtiden – är att även mycket små förändringar i antaganden om exempelvis diskonteringsräntan kommer att ge avsevärda skillnader på det teoretiska värdet. Med bara ett par procents skillnad i ränta kan bolagets värde förändras drastiskt, vilket gör hela beräkningsmodellen ytterst vansklig att använda som enskilt beslutsunderlag för dina investeringar.

3. Relativ- och multipelvärdering – jämför med andra

Slutligen den tredje generella principen för värdering som utgår från att man relaterar den aktuella aktiekursen till en mängd olika variabler, som omsättning, vinst, rörelseresultat eller eget kapital och försöker dra kloka slutsatser utifrån det genom att jämföra med andra bolag i samma bransch.

Om ett bolag vars aktie du tittar på värderas till 10 gånger vinsten medan genomsnittet i branschen ligger på 15 gånger vinsten, kan du möjligen dra slutsatsen att ditt bolag handlas för billigt och att det därmed är ett bra köptillfälle. Att beräkna börsvärdet i förhållande till vinsten (vilket är samma sak som aktiekursen i förhållande till vinsten per aktie) är det vanligast förekommande måttet på värdering och kallas P/E-tal efter engelskans ”price/earnings” – vilket också var det nyckeltal som nämndes tidigare när det handlade om att göra en översiktlig värderingsuppskattning till stockpickerns aktieportfölj.

På samma sätt kan man förstås jämföra en mängd andra variabler. Aktiekursen i förhållande till bolagets omsättning (per aktie) kallas P/S-tal (price/sales). Aktiekursen i förhållande till det egna kapitalet brukar skrivas som P/B (book value eller eget kapital). Allt oftare ser man också begreppet EV/EBIT vilket beskriver företagsvärdet (enterprise value) i förhållande till rörelseresultatet (earnings before interest and tax). Det senare avser bolagets resultat utan hänsyn till finansiella intäkter och kostnader, liksom skatt. Det blir alltså ett mått på hur själva verksamheten – rörelsen – går. Istället för den aktuella aktiekursen eller börsvärdet, utgår man från det som benämns enterprise value, företagsvärde, vilket innebär att man justerar för bolagets skulder och likvida medel. Enterprise value beräknas som börsvärdet plus räntebärande skulder minus kassan som finns i bolaget. EV/EBIT är alltså närbesläktat med det enklare P/E-talet, men ger oss matnyttig information om lönsamheten i rörelsen liksom tar hänsyn till hur mycket skulder det finns i bolaget – två faktorer som känns högst relevanta när vi ska investera.

I teorin är relativmetoden tilltalande enkel så länge man har något att relatera till. Men att jämföra ett specifikt bolag med andra kan vara vanskligt, även om de verkar i samma bransch. Alla företag är unika och arbetar utifrån olika förutsättningar. Att ett företag handlas till en lägre multipel än andra kan självklart bero på att företaget har sämre förutsättningar i framtiden, snarare än att företaget är lågt värderat. Det kan förstås också vara så att dina jämförelsebolag, det vill säga branschen som helhet, är för högt värderade, något som kan driva upp förväntningarna för en bransch – eller en hel marknad – och skapa klassiska värderingsbubblor.

Hur mycket betalar du för varje vinstkrona?

Trots sina brister är multipelvärdering ofta användbar när du ska välja aktier, av den självklara anledningen att den är lätt att förstå och hyggligt lättillgänglig. När substansvärdering inte är relevant och kassaflödesvärderingen känns omöjlig är multipelvärdering ibland det enda alternativet.

Och multipelresonemanget kan ge oss mycket bra information, utöver att just jämföra med andra. Låt oss återkomma till det enkla exemplet där vi tittar på ett bolag vars aktie kostar 100 kronor och har en vinst per aktie på 10 kr, det innebär alltså ett P/E på 10. Är det högt eller lågt? Svaret beror i första hand på två faktorer: vad du tror om den framtida vinstutvecklingen och hur högt ditt och marknadens avkastningskrav är?

Om du antar att vinsten är stabil och kommer att förbli på samma nivå i framtiden kan vi konstatera att bolaget har lyckats tjäna ihop hela beloppet som du var beredd att betala för aktien på tio år, det vill säga du får en årlig avkastning på 10 procent (vi exkluderar eventuella utdelningar i exemplet för att göra det lättare).

Låt oss nu istället anta att bolagsvinsten varje år ökar med 15 procent, då skulle du med all sannolikhet vara beredd att betala en högre multipel idag, medveten om att de framtida vinsterna snart "kommer ikapp" värderingen. Ett sätt att ta hänsyn till framtida vinsttillväxt i multipeln är att dividera det aktuella P/E-talet med den förväntade procentuella vinsttillväxten efter skatt. I vårt exempel skulle resultatet bli: P/E 10 / 15 = 0,67. Detta nyckeltal kallas PEG-talet efter engelskans price/earnings to growth ratio. Är vinsttillväxten 10 procent blir PEG-talet sålunda 1,0 och med en förväntad vinsttillväxt på 5 procent blir talet 2,0.

Som en personlig tumregel brukar jag utgå från att ett PEG-tal på ungefär 1,5 är normalt. Allt under 1,0 är mycket lågt, och allt över 2,0 känns dyrt.

Men för att verkligen kunna svara på frågan om multipeln är hög eller låg, utöver att jämföra med andra bolag och titta på vinsttillväxten, måste du också fundera på vad ditt avkastningskrav är. Kräver du 10 procent i avkastning för att köpa aktier i ett visst företag då ska du i logikens namn inte heller betala mer än tio gånger vinsten, förutsatt att vinsten är konstant. Skulle du däremot nöja dig med 7 procent för att acceptera risken är du också villig att betala drygt 14 gånger vinsten, det vill säga P/E 14,3 (=1/0,07). Vi är alltså beredda att betala ett högre pris ju lägre avkastningskrav vi har – något som är en del av förklaringen till att börsen generellt går upp när räntan går ner, eftersom marknadens totala avkastningskrav då sjunker.

PEG-tal

Mått där du justerar P/E-talet med den förväntade vinsttillväxten i bolaget: P/E / vinsttillväxt i procent = PEG. Som tumregel är ett PEG-tal på runt 1,5 normalt.

Vilket avkastningskrav ska man räkna med?

Med avkastningskrav avses den riskfria räntan (motsvarande en lång obligation, normalt på 10 år, som är garanterad av staten) plus en premie för att du är beredd att ta en risk genom att investera direkt i ett bolag vars verksamhet i värsta fall kan gå i konkurs. Som ett historiskt genomsnitt brukar man säga att riskpremien uppgår till ungefär 5 procent, det är lika med den överavkastning, rensat för inflation, som börsen gett i förhållande till den riskfria räntan som ett genomsnitt över de senaste hundra åren eller så. Det är alltså den överavkastning som börsen har genererat över tid vilket skulle kunna likställas med det investerare kräver i ersättning för att ta på sig risken att äga aktier. Normalt utgår man från att denna riskpremie är konstant (något som förvisso börjat ifrågasättas i takt med att räntorna rört sig mot noll).

Marknadens sätt att värdera en aktie är alltså intimt förknippat med ränteläget. När räntorna är låga – vilket de har nu har varit under flera år – sjunker också avkastningskravet, vilket gör att marknaden är beredd att betala en högre multipel per vinstkrona.

Om vi för att sätta siffror på teorin räknar utifrån aktuella nivåer (april 2017) kommer vi fram till följande:

10-årig statsobligation	0,6 %
+ Riskpremie:	5,0 %
= Avkastningskrav	5,6 %

Vårt avkastningskrav på börsen som helhet är alltså knappt 6 procent per år, vilket allt annat lika skulle innebära att vi är beredda att betala 17–18 gånger per vinstkrona (exklusive eventuell vinsttillväxt) för att rättfärdiga avkastningskravet (1/5,6 = 17,9).

Som en jämförelse kan vi konstatera att börsens 30 mest omsatta aktier vid samma tillfälle (april 2017) har ett P/E-tal på 16,2 beräknat på 2017 års förväntade vinster.

Vilka slutsatser kan vi dra av detta? Vid en första anblick ser börsen undervärderad ut. För att matcha vårt framräknade P/E-tal utifrån avkastningskravet skulle börskurserna behöva stiga med ungefär 10 procent från dagens nivåer. Men varför rusar då inte alla till börsen? Förklaringarna kan vara flera: kanske tror man att vi står inför tuffare tider framöver och att bolagens vinster därmed kommer att sjunka. Mer troligt är att man utgår från att den nuvarande extremt låga räntan inte är beständig utan kommer att höjas i takt med att inflationen stiger. Räknar man istället med en ränta på 3–4 procent, vilket känns mer långsiktigt korrekt, kan vi med samma räkneövning istället komma fram till att kurserna är för höga utifrån dagens nivåer. Det enda vi riktigt vet om framtiden är att det aldrig blir exakt som man tror.

Bra nyckeltal att hålla koll på

Aktieanalytiker använder sig oftast av flera olika metoder – multipeltal såväl som kassaflöden – när de gör sina beräkningar. Ofta tar de ett genomsnitt av de olika teoretiska värdena och för att komma fram till ett riktpris.

Men till syvende och sist är det alltid bolagets förmåga att växa och tjäna pengar som är den mest grundläggande förutsättningen för att du ska få en fin värdetillväxt på dina aktier.

För att kunna ställa en diagnos på bolagets kvaliteter finns det en uppsjö av nyckeltal. Nedan har jag valt ut några varianter som känns relevanta för de flesta bolag och branscher. Låt det bli en inkörsport till vidare fördjupning för dig som är mer intresserad av bolagsanalys.

• Resultatmarginal

Hur stor vinst bolaget har efter att direkta kostnader för produkten eller tjänsten är borträknade brukar kallas bruttomarginal. Detta är naturligtvis det mest basala vinstmåttet för ett företag. Men ack så viktigt. Utan en stabil eller ökande bruttomarginal är det svårt att öka intjäningen i takt med att bolaget växer. Detta är en grundläggande förutsättning för att gå med vinst. Visst kan ett företags lönsamhet växa även när bruttomarginalen sjunker, men då handlar det ofta om att spara sig till vinst och det går bara att göra under en kortare period. Så småningom kan vi anta att det får konsekvenser även för bolagets omsättning. En hög bruttomarginal säger också en hel del om bolagets konkurrenskraft, inträdesbarriärer och innovationshöjd. Vad som är en rimlig bruttomarginal varierar med bransch. Men ta som vana att titta på bolagets historik och försäkra dig om att marginalerna känns stabila. Och ställ dig själv frågan vad du tror om framtiden. Priskonkurrens eller högre inköpskostnader leder oundvikligen till lägre bruttomarginaler – och det är något som oundvikligen kommer att påverka bolagets lönsamhet framöver.

Som ett alternativ och för vissa branscher, som tjänsteföretag, är begreppet rörelsemarginal mer lämpligt. Då tar man även hänsyn till bolagets övriga kostnader som är förknippade med verksamheten, exempelvis marknadsföring, personal, forskning och utveckling.

Oavsett vilket mått du väljer är syftet alltså att se om företaget har en hälsosam, stabil eller ökande marginal på sin omsättning. Utan en sund rörelsemarginal blir det helt enkelt inte mycket över på 'sista raden'. Hur stor marginalen bör vara beror till stor del på vilken bransch företaget verkar inom. Enklast är att titta några år tillbaka i tiden (uppgifterna finns i bolagets årsredovisning som du kan ladda ner gratis) och se att nivåerna hålls på en stabil nivå. Det är viktigt att hålla i minnet att bolag och branscher som har exceptionellt höga vinstmarginaler oftast får se dessa sjunka med tiden allteftersom konkurrensen ökar. Ett aktuellt exempel är klädjätten H&M som under de senaste åren haft successivt sjunkande bruttomarginaler, vilket fått väldiga effekter på aktiekursen.

• Lönsamhet – räntabilitet

Med räntabilitet menas lönsamhet, vilken vinst bolaget har i förhållande till sin tillgångsmassa, uttryckt i procent. Eller annorlunda formulerat: vilken avkastning bolaget genererar utifrån det kapital som krävs för att skapa dessa vinster. Man kan utgå från olika beräkningsgrunder där eget kapital är det vanligaste och då kallas räntabilitet på eget kapital. Eget kapital är alltså bolagets alla tillgångar minus alla skulder – de tillgångar som tillhör aktieägarna. För att krångla till det något brukar man justera det egna kapitalet genom att lägga till det som kallas obeskattade reserver och samtidigt göra avdrag för upplupen skatteskuld – vilket då kallas justerat eget kapital.

Att skapa hög lönsamhet utifrån ägarnas kapital är naturligtvis ett viktigt kvalitetsmått. Och avkastningen bör minst vara en bra bit över vad man skulle ha kunnat få om man hade placerat samma belopp i en riskfri tillgång, som en statligt garanterad obligation, plus en riskpremie. För börsen som helhet har den historiska riskpremien legat runt 5 procent, för enskilda bolag kan den ligga högre. Om vi utgår från en långsiktig riskfri ränta på 3 procent och adderar en riskpremie på 5 procent så får vi alltså den nivå som bolaget absolut minst bör avkasta för att det ska vara värt att ta risken. Runt denna jämviktsnivå kan vi ha som grundregel att bolagets värde är ungefär detsamma som det egna kapitalet. Är lönsamheten högre, ja då bör också marknaden värdera bolaget mer generöst utifrån det egna kapitalet. Som enkel tumregel brukar jag utgå från att räntabiliteten bör vara en bra bit högre än 15 procent. Det finns emellertid en stor nackdel med detta vinstmått - nämligen att det gynnar bolag som tar stora risker genom hög skuldsättning. Låt oss därför kika på ett alternativt lönsamhetsmått som är att föredra.

**Räntabilitet på eget kapital efter skatt =
årets resultat efter skatt / justerat eget kapital**

En annan beräkningsgrund för bolagets lönsamhet är att istället utgå från det som kallas sysselsatt kapital. Med det menas allt kapital som antingen tillhör aktieägarna eller långivarna. Utöver det egna kapitalet lägger man alltså till de räntebärande skulderna (räntebärande lån) som finns i företaget.

**Sysselsatt kapital =
eget kapital + räntebärande skulder**

Fördelen med detta mått är att vi får en bättre förståelse för vilken lönsamhet företaget genererar utifrån allt kapital som kräver avkastning, från aktieägare såväl som från långivare - alla som kräver en del av överskottet för att bidra med kapital till bolaget. Med sysselsatt kapital inkluderar vi alltså bolagets räntebärande skulder och får därmed en känsla för vilken grad av skuldsättning som bolaget använder. Vi kommer att upptäcka om bolaget finansierat sin verksamhet med stora lån eftersom räntabiliteten då är lägre än om vi utgår från enbart det egna kapitalet där avkastningen kan vara väldigt hög så länge som verksamheten går bra. I dåliga tider kommer däremot långivarna fortfarande att kräva sin ränteersättning vilket gör att svingfaktorn kan bli extremt hög till aktieägarnas nackdel. Räntabilitet på sysselsatt kapital blir därmed ett mer riskbalanserat mått. Som ett generellt riktmärke brukar jag utgå från att räntabiliteten på sysselsatt kapital bör vara minst 10 procent. Hittar du bolag med avkastning över 15 procent på sysselsatt kapital så brukar det indikera en riktigt bra lönsamhet (medveten om att det skiljer sig kraftigt åt mellan olika branscher).

Observera att resultatmåttet som används vid beräkning av räntabilitet på sysselsatt kapital är rörelseresultat efter finansiella intäkter (men inte finansiella kostnader eller skatt), detta för att det ska bli en korrekt relation mellan vinstmåttet och tillgångsbasen man relaterar till.

Räntabilitet på sysselsatt kapital = resultat efter finansiella intäkter / (eget kapital + räntebärande skulder)

I en del sammanhang ser du även begreppet räntabilitet på totalt kapital, det vill säga bolagets hela tillgångsmassa inklusive varulager och kundfordringar. Personligen föredrar jag just sysselsatt kapital, men har du svårt att hitta uppgifter om detta så kan avkastningen på det totala kapitalet vara ett substitut. Precis som för sysselsatt kapital utgår man från resultatet efter finansiella intäkter (men inte kostnader).

• Vinsttillväxt – ”vinst per aktie”

Bolagets historiska och framtida tillväxt spelar en nyckelroll när vi ska bedöma hur attraktivt företaget är ur investeringssynpunkt. Det finns egentligen bara två sätt för ett företag att växa: genom att sälja mer av sina existerande produkter och tjänster, det som kallas organisk tillväxt, eller genom att förvärva andra bolag som kan bidra till att den totala försäljningen ökar. Organisk tillväxt är normalt sett det mest hälsosamma. I många fall kan förvärv av andra verksamheter vara positivt, men det förutsätter förstås att man inte betalar ett för högt pris. I förvärvssammanhang är det vanligt att det köpande bolaget använder sina egna aktier som betalningsmedel. Man bestämmer sig helt enkelt för att tillverka fler aktier genom en nyemission och använder de nya aktierna som valuta. Men fler aktier betyder såklart att bolagets hela värde måste fördelas på fler händer och det blir en utspädning av bolagets tillgångar.

Många bolag som nått en viss mognad och inte klarar av att växa på egen hand hungrar efter att göra förvärv som bidrar till att gruppens totala försäljning fortsätter att öka. Särskilt vanligt är det när man dessutom kan lånefinansiera stora delar av förvärvet till en låg ränta. Det ser naturligtvis smakfullt ut när företagsledningarna presenterar verksamheten, men kan också vara ett varningstecken att den underliggande verksamheten haltar. För att undvika att gå i en presentationsfälla finns det ett enkelt knep: nämligen att utgå från begreppet vinst per aktie, eller EPS – earnings per share – på engelska. Genom att utgå från detta mått fångar du enkelt upp om bolaget valt att trycka upp massor av nya aktier för att maskera bristen på den egna tillväxten, eller att man betalat ett för högt pris för de nya bolagen. Vinst per aktie är alltså precis vad det låter som – vinsten utslagen på antalet aktier som finns i bolaget vid varje givet tillfälle.

I brist på kunskap om framtiden kan den historiska tillväxten säga en hel del om företagsledningens förmåga att växa, såväl organiskt som genom förvärv. Vinst per aktie är ett lätt mått att räkna ut och finns oftast med i tidningarnas aktietabeller. Ett bolag som lyckas öka sin vinst per aktie med 10 till 20 procent per år över fem år är ett styrkebesked. Hittar du historik för ännu längre period är det en fördel, då kan du även fånga in ekonomins hela konjunkturcykel som normalt sträcker sig över 5–8 år.

Sammanfattning

Proffsinvesterare använder sig av flera metoder för att hitta sina guldkorn. Arbetet börjar med att identifiera högkvalitativa bolag som man bedömer kunna växa lönsamt i framtiden. De gör så gott de kan för att prognostisera bolagens framtida kassaflöden och beräkna alla dessa till dagens penningvärde. Därefter använder de sig av en palett av nyckeltal som beskriver bolagets vinsttillväxt, lönsamhet och skuldsättning – och sätter detta i relation till marknadsvärderingen.

Vilka nyckeltal man använder varierar mellan olika branscher, men vinstmarginal, räntabilitet på sysselsatt kapital och vinsttillväxt per aktie är alltid relevanta. Därefter tittar man ofta på hur bolagets vinst värderas på marknaden och jämför med andra bolag i samma bransch. Att sätta företagsvärdet, enterprise value, i relation till rörelseresultatet är generellt ett bättre mått än det vanligare måttet P/E-tal för att därigenom fånga upp om bolaget har stora skulder eller en onödigt stor kassa. Vill man gå ytterligare ett steg längre kan man också räkna ut en vinstmultipel för bolagets historiska genomsnittliga vinst, exempelvis de senaste 10 åren. På det viset fångar man lättare upp stora eventuella variationer i resultat på grund av tillfälliga konjunktursvängningar. Detta mått brukar kallas för Shiller P/E.

Med denna palett av nuvärdesberäkningar av framtida kassaflöden och relevanta nyckeltal bör man ha bildat sig en gedigen uppfattning och kan fatta ett övervägt beslut om när det är dags att investera (eller sälja) sitt innehav.

Eftersom all värdering bygger på antaganden om framtiden och en medvetenhet om att historiska och aktuella nyckeltal aldrig kan bli en exakt vägvisare för vad som händer i framtiden – kommer en persons slutsatser att skilja från alla andras. Det är det som skapar en marknad där vissa tycker en aktie är för dyr medan andra ser ett köpläge.

Exempel på resultaträkning i Bolaget AB

Omsättning / försäljning	1 000
Direkta kostnader för sålda varor/tjänster	-500
Bruttovinst	**500**
Marknadsföring	-100
Personal	-150
Lokaler och hyra	-30
Övriga kostnader	-20
Resultat före avskrivningar	**200**
Avskrivningar (på t.ex. maskiner)	-30
Rörelseresultat	**170**
Finansiella intäkter	10
Finansiella kostnader	-30
Resultat före skatt	**150**
Skatt	-33
Årets resultat	**117**

I resultaträkningen kan vi utläsa att vårt fiktiva bolag har en bruttomarginal på 50 procent. Efter att kostnader för löner, marknadsföring med mera är borträknade kvarstår 200 eller 20 procent. Drar vi därefter bort kostnaden för avskrivningar på tidigare investeringar får vi fram rörelseresultatet, det är det som på engelska kallas EBIT, Earnings before interest and tax. Just rörelsemarginalen, i det här fallet 17 procent, är en siffra som är bra att hålla koll på för alla bolag. Detta är vinstnivån som bolagets verkliga rörelse mäktar att generera. Avslutningsvis tar man hänsyn till finansiella intäkter och kostnader (oftast handlar det om räntor eller reavinster på bolagets finansiella tillgångar) och drar till slut bort skattekostnaden. I vårt förenklade exempel blir resultatet 117 eller 11,7 procent. Detta är pengarna som blir över till bolagets ägare efter att alla kostnader dragits av.

Exempel på balansräkning i Bolaget AB

Liksom att alla aktiebolag måste upprätta en resultaträkning som listar bolagets intäkter och kostnader måste man också regelbundet göra en uppställning på bolagets samtliga tillgångar och skulder. Vanligtvis sammanfaller bolagets räkenskapsår med kalenderår. I årsredovisningen kan man då se uppställningen per 31 december. Samma övning görs dock vid varje kvartal för börsnoterade bolag och presenteras i bolagets kvartalsrapport.

Tillgångar	
Anläggningstillgångar / fasta tillgångar	
Maskiner, byggnader	1 000
Goodwill	400
Långsiktiga finansiella tillgångar	500
Omsättningstillgångar	
Varulager	300
Kundfordringar	200
Kassa och kortfristiga placeringar	100
TOTALA TILLGÅNGAR	2 500
Skulder	
Lån	700
Leverantörsskulder	300
Eget kapital	1 500
SUMMA SKULDER OCH EGET KAPITAL	2 500

Summan av bolagets tillgångar ska alltid vara lika stor, balansera med summan av bolagets skulder och egna kapital. I vårt fiktiva bolag kan vi bland annat räkna ut att soliditeten, d.v.s. det egna kapitalet i förhållande till det totala kapitalet uppgår till 60 procent. Som investerare ska man vara observant för bolag med låg soliditet eftersom det innebär att bolaget är hårt skuldsatt.

Bolagets egna kapital – aktieägarnas pengar – delas in i bundet och fritt eget kapital. Det är det fria egna kapitalet som man kan besluta om att dela ut till ägarna.

För att räkna ut det företagsvärde, eller Enterprise Value, som refererats till vid ett antal tillfällen i boken, utgår man från börsvärdet och adderar bolagets räntebärande skulder (i det här fallet 700) och drar bort bolagets kassa (100). Om vårt fiktiva företag skulle ha ett börsvärde på 2 000 skulle företagsvärdet sålunda bli 2 600.

Hitta guldkornen med hjälp av The Magic Formula

I ALLA TIDER HAR INVESTERARE, likt medeltidens alkemister, strävat efter att hitta den unika formeln för att framställa guld. Drömmen vore att bara kunna snurra på ett lyckohjul som plockar fram givna kursvinnare, trycka på köpknappen och se hur pengarna rullar in. Verkligheten är naturligtvis inte lika enkel.

I sin strävan efter att hitta dessa guldkorn har proffsinvesterare skapat olika screeningverktyg och modeller för att hitta kursdubblarna. En del mer framgångsrika än andra. I detta kapitel ska vi titta närmare på en av dessa – The Magic Formula. Det är en strategi som bygger på så kallad fundamental analys och rimmar väl med vad du har läst om tidigare i boken. Förhoppningsvis kan detta vara ett sätt att hitta spännande investeringsalternativ till den tredje delen av investeringspyramiden.

Investeringsstrategin The Magic Formula är baserad på hedgefondförvaltaren Joel Greenblatts uppmärksammande bok med det träffande namnet *En liten bok som slår aktiemarknaden (The*

Little Book that Beats the Market). I korthet kan man säga att metoden går ut på att hitta lågt värderade bolag med hög avkastning. Eller annorlunda uttryckt: kvalitetsbolag till ett lågt pris. Hypotesen är att marknaden vid olika tillfällen överdriver negativa prisrörelser, men att kurserna över tid kommer att korrigeras för att reflektera bolagens underliggande förmåga att skapa avkastning.

För att hitta guldkornen använder Greenblatt två specifika nyckeltal som enligt honom är särskilt värdefulla vid utgallringen. Det första talet – det som sorterar ut bolag med god lönsamhet – är avkastning på investerat kapital, av Greenblatt definierat som Return on Capital (ROC). Det andra – som indikerar låg värdering – är bolagets vinstavkastning, på engelska Earnings Yield (EY). Kombinera dessa nyckeltal så hittar du dina vinnare, lyder strategin.

Bolagen rangordnas utifrån de två nyckeltalen och aktierna som har den bästa kombinationen av låg värdering och hög avkastning hamnar högst på listan, det är alltså dessa man ska köpa.

Return on Capital (ROC) =
EBIT / Invested Capital

Earnings Yield (EY) =
EBIT / EV

EBIT (Earnings Before Interest and Taxes): Rörelseresultat.
Invested Capital: Investerat kapital i verksamheten som krävs för att driva rörelsen. Definieras som: (rörelsekapital - kassa) + (anläggningstillgångar - goodwill). Eller på engelska: Net Working Capital + Net Fixed Assets.
Earnings Yield: Vinstavkastning i procent.
EV (Enterprise Value): Bolagsvärde, dvs. marknadsvärde + nettoskulder.

Investeringsstrategin förespråkar att man gör en sortering enligt kriterierna en gång per år, investerar i en portfölj av 15–20 aktier med bäst sammanlagd rankning och sedan lutar sig tillbaka. Ett år senare gör man om gallringen och skapar en ny portfölj. Perioden däremellan ska med fördel användas till annat än att peta i portföljen. På senare tid har Greenblatt förvisso uppdaterat sin strategi och förespråkar att man delar upp portföljen i fyra lika delar som omplaceras kvartalsvis, men metodiken är densamma. The Magic Formula lämpar sig inte för branscher som banker, fastighetsbolag eller så kallade utility bolag, som el, gas och vatten. Dessa bör man därför utesluta ur gallringen. Detsamma gäller mindre bolag där osäkerheten blir för stor (Greenblatt definierar det som företag med ett marknadsvärde på under ca 50 miljoner dollar). Lyckligtvis finns det tillräckligt många att välja på trots dessa begränsningar.

The Magic Formula har visat sig vara en god placeringsstrategi om man ser det historiskt. Enligt Joel Greenblatts egna publicerade beräkningar blev avkastningen 24 procent per år under perioden 1998 till 2009 om man följde hans recept, att jämföra med knappt tio procent per år i en bred indexfond. Många andra har gjort liknande statistiska, historiska körningar, även inkluderande den svenska börsen, och kommit fram till andra resultat – dock nästan alltid med en överavkastning gentemot index. Med andra ord tycks det finnas ett värdefullt samband bakom formeln. Och förklaringen är i sig ganska enkel. Genom att rangordna bolagen både med hänsyn till deras förmåga att tjäna pengar och hur de värderas – och därefter välja de som presterar bra utifrån båda parametrarna torde sannolikheten att träffa rätt vara större. Greenblatt, liksom alla hans företrädare inom gruppen ”value investors”, konstaterar att bolagens aktiekurser varierar avsevärt mer än vad bolagens underliggande verksamheter gör. Genom att konsekvent använda nyckeltalen ovan blir det enklare att hitta kvalitetsbolag till bra värdering.

Att strategin dessutom kallas för ”magisk” bidrar sannolikt till den kittlande tanken att vi kan ha hittat en modell som ger bättre avkastning än marknaden över tid. Är detta månne finansvärldens svar på alkemisternas ständiga gåta?

Så hur gör man i praktiken?

Att köpa lågt värderade bolag som tjänar mycket pengar låter som en ganska självklar strategi. Vem vill inte göra det? Svårare blir det förstås när vi kommer till hur idén ska tillämpas i praktiken. Det ter sig som en oöverstiglig uppgift att sitta och beräkna nyckeltal för börsens alla bolag och sen rangordna dem för att till slut veta vad vi ska investera i. Förutsatt att vi överhuvudtaget kan hitta uppgifterna i bolagens räkenskaper.

Tack och lov finns det andra som gör jobbet åt oss. Själv använder jag en tjänst som heter Börsdata (www.borsdata.se). Det är en svensk betaltjänst som inkluderar alla nordiska bolag, men även amerikanska och en del andra marknader om man använder deras så kallade pro version. Tjänsten kostar ca 100 kr per månad, vilket i sammanhanget får anses prisvärt (det ska tilläggas att möjligheten att sortera bolag utifrån The Magic Formula bara utgör en liten del av allt man kan göra på sajten).

Ett enkelt sätt att hitta bolagen som platsar i din Magic Formula-portfölj är därmed att ta genvägen via Börsdatas tjänst. För ordningens skull bör sägas att det finns andra bolag som erbjuder motsvarande funktioner, men personligen tycker jag att Börsdata är mest tillgänglig. På sajten går du till rubriken som heter ”Strategier” och väljer The Magic Formula. Därefter väljer du vilka bolagslistor du är intresserad av, till exempel svenska bolag som är noterade på large och mid cap-listan, och trycker på ”sortera”.

Så här ser det ut när jag själv gör en sortering (14 maj 2019) på de 38 aktierna som får högst rating. Listan förändras förstås i takt med aktiekurserna och bolagens rapporterade resultat. I den här listan bygger rankningen på de resultat som rapporterats efter första kvartalet 2019.

Här finns en salig blandning av branscher och bolag i olika storlekar. G5 Entertainment är ett mobilspelsbolag som fram till för drygt ett år sedan haft en fantastisk kursutveckling, men därefter kraftigt gått ner, vilket gjort värderingen mer aptitlig. Ferronordic är återförsäljare av anläggningsmaskiner i forna Sovjetunionen och Tethys Oil är ett oljeprojekteringsbolag. Oriflame säljer i sin tur smink och skönhetsprodukter. Mycronic är ett IT-säkerhetsbolag som haft en fin lönsamhetsutveckling de senaste åren.

Namn	ROC (%)	EY (%)	Kurs
G5 Entertainment	49	18,2	95,1
Tethys Oil	26	29,1	72,7
Oriflame	47	13,9	172,4
Ferronordic Machines	66	12,8	154
SAS	21	28,6	16,3
Mycronic	55	11,2	119,1
Betsson	27	14	60,6
MTG B	19	15,9	118
Serneke	15	27,1	43,9
Concentric	44	9,9	141,8
MTG A	19	15,2	123
NetEnt	83	9	29,9
Kindred Group	51	9,4	71,9

Lucara Diamond	19	13,7	11
JM	19	13,1	179,9
Boliden	17	13,4	229,4
Kabe	18	12,7	156,5
SKF	18	12	155,6
Lundin Mining	13	20,2	47
Besqab	17	11,7	89
Lundin Petroleum	24	9,3	288,9
Volvo	15	12,9	139,2
Sandvik	25	8,9	159,5
Nordic Entertainment	57	6,9	248
International Petroleum	13	15,2	46,1
Nordic Entertainment B	57	7,1	238
KappAhl	14	12,7	16,6
Loomis	19	9,9	311
HiQ	35	7,5	49,4
Stora Enso R	14	11,9	109,5
VBG	18	9,6	165
KnowIT	24	7,6	212
Epiroc B	33	7,2	87,6
Atlas Copco B	38	6,9	247,1
Skanska	16	9,7	160,3
Momentum Group	19	8,6	115,2
Beijer Alma	26	7,5	127
Fenix Outdoor	26	7,3	876

Det är med andra ord en spretig samling av bolag. Gemensamt för dem alla är dock att de, baserat på de senast redovisade resultaten, haft hög avkastning på det kapital som investerats av såväl aktieägare och långivare, det vill säga invested capital, eller sysselsatt kapital. Och att bolagets värde är lågt relativt vinsten. I det senare fallet är P/E-talet det vanligaste måttet. Att utgå från rörelseresultatet (EBIT) och ställa det mot företagsvärdet (Enterprise Value) ger dock mer preciserad information om hur bolagets kärnverksamhet går och tar dessutom hänsyn till bolagets skuldsättning. Detta kan du läsa mer om i bokens appendix under bolagsvärdering.

Det är viktigt att poängtera att man bör vara försiktig med att blint fatta köp- eller säljbeslut enbart baserat på statistiska datakörningar. Att vara helt mekanisk i sin urskiljning kan leda till dyrköpta misstag. Inte sällan kan det finnas tillfälliga resultatposter som placerar ett bolag högt i listan vid en given tidpunkt. Och självklart bör man göra en djupare analys av varje enskilt bolag innan man investerar i dem för att försöka undvika den typen av närsynta investeringsmisstag. Kanske är det klokt att helt utesluta de bolag som får extrema värden från portföljen, eller bolag som är alltför små.

Alldeles oavsett är den här typen av screening värdefull för att få uppslag på vilka aktier man ska titta närmare på när man sätter samman sin stockpicker-portfölj. Personligen har jag inte systematiskt använt metoden för att hitta bolagen till min portfölj, men kan ändå konstatera att jag har innehav i flera av dem.

Och vad blir resultatet?

Sammantaget tycks det finnas belägg för att The Magic Formula faktiskt fungerar, såväl från amerikanska data som svenska, åtminstone om vi tittar historiskt. Enligt klassisk ekonomisk teori bör nämligen detta inte fungera i längden när alltfler "upptäcker" modellen och investerar i samma bolag. Men som alla som investerar på börsen vet, är marknaden inte alltid rationell och det finns anledning att tro att sambanden även framöver kan bidra till en god värdeökning. Åtminstone i teorin om man exkluderar psykologiska faktorer och utgår från att alla blint följer modellen genom att köpa de bolag som rankas högst vid ett tillfälle varje år och därefter sitter stilla i båten.

På Börsdatas sajt kan man själv testa modellen historiskt genom att välja antal år, antal aktier och från vilka listor man ska göra gallringen. Efter åtskilliga körningar kan jag konstatera att The Magic Formula tycks prestera bättre än index (mätt som OMX 30) i princip oavsett vilken tidsperiod jag utgår ifrån.

I grafen på nästa sida nedan kan du se utvecklingen under de senaste tio åren förutsatt att man skulle ha följt modellen. Skillnaden är väsentlig. När index i snitt presterat drygt 10 procent per år skulle The Magic Formula-portföljen ge ungefär dubbelt så hög årlig avkastning. Över tio år blir det en avkastning på 624 procent, att jämföra med 170 procent för de 30 mest omsatta aktierna, exklusive utdelningar. Säg vilken förvaltare som inte skulle jubla över ett sådant resultat.

Den historiska avkastningen

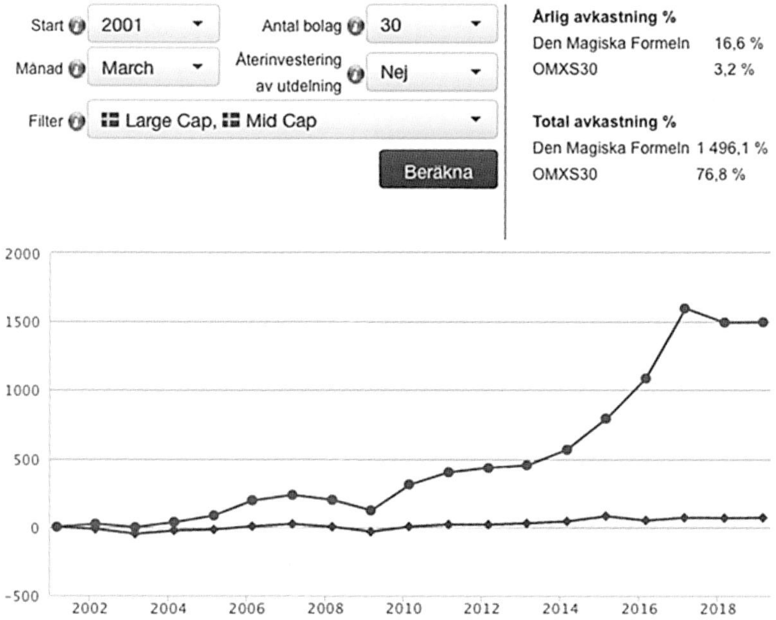

Källa: Börsdata

Avkastningen enligt The Magic Formula har med råge överträffat index. Här är simuleringen gjord över tio år och baserad på Stockholmsbörsens 30 bäst rankade aktier enligt Greenblatts två nyckeltal vid varje enskilt år under perioden. Avkastningen är exklusive utdelningar.

Slutsats

Att hitta rätt aktier till sin portfölj är roligt, men svårt. Många vet inte var de ska börja leta. Genom att använda olika screeningverktyg – The Magic Formula är ett – får man en bra utgångspunkt för sitt sökande. Historisk avkastning är naturligtvis aldrig en garanti för framtida vinstmaskiner. Men att utgå från bolag som har en historiskt god intjäningsförmåga – och samtidigt värderas relativt lågt – känns intuitivt klokt och förbättrar garanterat oddsen för att hitta bra bolag att investera i.

Andra screeningmodeller som finns på Börsdatas sajt

Graham Screener

Urvalsmetoden går ut på att uppfylla så många som möjligt av sju kriterier, som exempelvis finansiell styrka, utdelningshistorik och bolagsvärde i förhållande till lönsamhet och eget kapital.

Utdelningsstrategin

En strategi som strävar efter att hitta bra utdelningsaktier utifrån elva olika kriterier. Exempelvis utdelningstillväxt, utdelningsandel och avkastning på bolagets totala kapital.

Net-Nets

Net-Nets utvecklades av börsgurun Benjamin Graham, Warren Buffetts föregångare inom området värdeinvesteringar. Lite förenklat utgår strategin från att jämföra det aktuella marknadsvärdet med bolagets egna kapital i syfte att hitta undervärderade aktier. I praktiken är strategin inte särskilt användbar idag.

Piotroski F-Score

Strategin publicerades år 2000 av Joseph Piotroski. F-Score rankar företag efter deras lönsamhet, finansiella ställning och effektivitet och går ut på att företagen ska uppfylla så många som möjligt av de nio uppställda kriterierna. Bolag med mer än 6 poäng har historiskt utvecklats mycket bättre än de med lägre poäng.

Glidande medeltal

Denna strategi arbetar efter det som kallas teknisk analys, där man utgår från aktiernas kursrörelser snarare än nyckeltal. Med glidande medeltal försöker man spåra aktier som är inne i en upp- eller nedgångsfas. När kursen bryter igenom det historiskt glidande genomsnittet räknar man med att trenden fortsatt kommer att hålla ytterligare en tid.

”Fråga aldrig barberaren om du behöver klippa håret.”

Warren Buffett

Var försiktig med att ta finansiella råd från dem som tjänar på dina affärer, till exempel en mäklare som vill maximera sina courtageintäkter vid köp och försäljning av aktier. Lägg hellre ner lite tid på att hitta ett kvalitetsbolag som du kan äga under många år.

Hur ska du agera när börsen rasar?

De senaste årens kraftiga kurssvängningar har inte lämnat någon oberörd. Det spelar ingen roll om du är ny på aktiemarknaden eller en erfaren investerare. När marknaden kraschar och dina aktier rasar med 30 till 40 procent på kort tid är det inte roligt. Covid-skräcken under våren 2020 är en smärtsam erfarenhet som vi alla har i färskt minne.

Det finns några tydliga kännetecken för stora börsras. De branta fallen sker snabbt och skoningslöst. Det är inte ovanligt att index går ner 5–6 procent bara på en dag när de inträffar, för att sedan fortsätta nedåt innan det till slut bottnar och kurserna trevande börjar vända uppåt igen. En annan kännetecknande faktor är att rasen triggas av en otippad, närmast osannolik händelse: det man brukar kalla en Svart Svan. Det är just det osannolika, det vill säga att i princip ingen på marknaden hade räknat med att det skulle hända, som blir den utlösande faktorn. Därefter kommer effekterna av alla investerares förändrade framtidstro – vilket ofta har den största och mest förödande effekten på aktiekurserna.

Aktiemarknaden är nyckfull såtillvida att ett bolags värde – eller aktiens pris – utgörs av alla *framtida* vinster (eller kassaflöden). De historiska resultaten är i det sammanhangen närmast ointressanta. Om många investerare samtidigt ändrar uppfattning och plötsligt tror på en dystrare framtid så sjunker förväntningar om framtida vinster. Och då rasar kursen.

Ytterligare ett kännetecken är *osäkerheten* kring effekterna av den "osannolika" händelsen. Eftersom de flesta aldrig varit med om just den här händelsen så vet vi inte heller hur det ska sluta. Ingen kan överblicka eller riktigt förstå vad som händer och vad det innebär på lång sikt. Det skapar en känsla av panik. Rädsla och okunskap är en giftig cocktail. Alla vill sälja på samma gång för att minska risken. Och aktiens pris är ju inget annat än vad någon är villig att betala, i just det ögonblicket, för precis den aktien. Utan köpare faller kursen handlöst eftersom det alltid är någon som är tvingad att sälja, oavsett pris.

Man brukar säga att de stora förmögenheterna skapas i tider av börsras. Dessvärre gäller även det omvända. Investerare som belånat sin portfölj kan snabbt bli tvingade att likvidera sina innehav för att täcka skulderna. Är det riktigt illa så är det banken som aktiverar en tvångsförsäljning – till vilket pris som helst – utan att du kan göra något åt det. På bara några veckor kan ett helt livs besparingar gå upp i rök. Problemet för många är att man under år av framgångar får en annan uppfattning om vad som är normalt. Insatserna ökar. Ungefär som på ett casino: har du vunnit tio gånger i rad så är sannolikt insatsen avsevärt högre när du satsar den elfte gången. Förlorar du då spelar det ingen roll hur många gånger du har vunnit tidigare. Pengarna är ändå borta.

De som verkligen förstår detta – och samtidigt är kallhamrade nog att bortse från de psykologiska effekterna av panikkänsla – kan utnyttja tillfällena och göra enorma klipp. Låt oss kika på vad som hände under våren 2020. Samtidigt som börsen rasade, noterades stora insiderköp i många bolag. De som verkligen kunde sitt företag valde att investera när ingen annan vågade. Ett bra exempel är speloperatören Kindred (Unibet). I likhet med alla andra aktier sjönk kursen som en sten, den mer än halverades på ett par veckor för att som lägst handlas strax över 20 kronor aktien. I efterhand kan vi konstatera att det uppenbarligen var en överreaktion. Särskilt i ett bolag som inte nämnvärt påverkas av konjunkturcykler, utebliven turism eller problem med inleveranser för sin produktion på grund av stängda fabriker. Snarare tvärtom. Plötsligt hade folk mer tid än någonsin, var uttråkade och ville hitta lite spänning i vardagen.

När man tittar bakåt så ter sig det mesta ganska självklart. Det var ett gyllene tillfälle. Bolagets grundare, tillika ordförande, köpte aktier för brinnande livet. Till vrakpris. I skrivande stund, ganska exakt ett år senare, är kursen ungefär fem gånger högre. Bolagets grundare har ökat sin förmögenhet med flera miljarder.

Låt oss försöka lära oss av det här och rusta oss med erfarenheter så att vi kan stå på den vinnande sidan nästa gång det ”osannolika” inträffar. Här kommer sex olika strategier som du kan förhålla dig till när det stormar som värst på marknaden.

1. Bli ekonomiskt odödlig, undvik finansiell härdsmälta

Att bygga en stor förmögenhet handlar inte om att alltid maximera avkastningen – utan snarare om att undvika de värsta misstagen. Därefter låter man ränta på ränta-effekten utföra sitt underverk.

Fundera på följande exempel: Du får välja mellan två olika aktieportföljer som utvecklas lite olika, den ena med en exceptionellt jämn årlig avkastning, den andra mer volatil. Vilken väljer du?

Portfölj 1: År 1 +10%, År 2 +10%, År 3 +10%, År 4 +10%, År 5 +10%

Portfölj 2: År 1 +25%, År 2 + 45%, År 3 -30%, År 4 +20%, År 5 -10%

De första åren talar onekligen till den andra portföljens fördel. Men som du säkert redan listat ut är rätt svar Portfölj 1. Efter fem år är en satsad tusenlapp värd drygt 1 600 kr jämfört med den andra portföljen som är värd 1 370 kr. Det är stor skillnad på kort tid. Utöver den högre avkastningen skulle du garanterat ha sovit bättre om du ägde den ”tråkiga” portföljen.

Lek nu med tanken att du dessutom hade belånat din portfölj i ett försök att maximera avkastningen i Portfölj 2. De första åren hade resultatet blivit fantastiskt. Det tredje året kommer kraschen med en börsnedgång på 30 procent och sopar bort en stor del av värdeuppgången, inte minst om du successivt hade ökat din belåning, stärkt av de första årens succé. Kanske hade du hamnat i ett läge av tvångsförsäljning för att täcka kreditkraven. Att i en sådan situation återigen kasta sig in på aktiemarknaden för att vara med på nästa års kursuppgång fordrar ett övermänskligt psyke.

Mer sannolikt skulle du stå utanför marknaden i ett försök att läka ditt traumatiserade tillstånd.

Poängen med detta förenklade exempel är att du till varje pris ska undvika ekonomisk härdsmälta i din aktieportfölj. Du kanske missar de absoluta kursrusarna. Men vad som är viktigare, du förlorar inte "allt" när marknaden rasar. Att vara försiktig med belåning är en del av detta. Att sprida dina risker mellan olika innehav och branscher, liksom att undvika förhoppningsaktier som visar stora underskott i verksamheten, är andra viktiga delar.

Låt oss fundera på vad Warren Buffett – värdens kändaste investerare – har gjort för att bli så framgångsrik. Det har skrivits ett otal böcker om hans investeringsmetoder och skicklighet i att hitta framgångsrika bolag att investera i. Inget kan förringa hans förmåga. Men viktigare än något annat, men som det inte talas lika mycket om, är tiden. Långsiktigheten kombinerat med det faktum att han lyckats undvika förödande misstag längs vägen har inneburit att kapitalet har vuxit exponentiellt. En intressant konsekvens av detta är att över 80 procent av Buffetts enorma förmögenhet har skapats efter att han fyllde 65 år.

Buffett började tidigt. Sina första aktier köpte han som tioåring. Nyligen passerade han den aktningsvärda åldern av 90 år. Det är en lång tidshorisont. Sannolikt skulle vem som helst betraktas som ett finansiellt geni om vi hade haft den tidshorisonten och lyckades placera kapitalet så att vi fick samma avkastning som börsens genomsnittliga index. En satsad tusenlapp skulle ha vuxit till närmare 9 mkr om portföljen hade avkastat 12 procent år ut och år in under 80 år.

2. Älska dina bolag

Börsnedgångar kommer, det är närmast en naturlag. Är du aktiv på aktiemarknaden måste du lära dig att acceptera det, hur smärtsamt det än må kännas för stunden. Du kan tänka på det som priset du får betala för att över tid få en bättre avkastning på ditt kapital än om du skulle parkera pengarna på ett bankkonto eller investera dem i obligationer.

Kursnedgångarna blir avsevärt enklare att acceptera om du verkligen tror på bolaget som du har investerat i. Har du förtroende för bolagets ledning och styrelse, gillar företagets produkter eller tjänster och känner att företaget är verksamt inom en bransch som växer på lång sikt – då är det inte heller svårt att vara långsiktig. Kanske blir kursnedgången snarare ett tillfälle för dig öka ditt innehav i bolaget.

Att däremot äga aktier i ett bolag som du inte har någon särskild anknytning till, i värsta fall knappt begriper vad de säljer, är avsevärt jobbigare när marknaden svajar. Kanske har du investerat i ett bolag som någon tipsat om efter en tids kraftig kursuppgång med känslan att "du inte får missa tåget". Då är det lätt att drabbas av panik. Aktien är inget annat än en dagsaktuell kurs som hoppar med våldsam fart i tabellerna. Det är omöjligt för dig att relatera aktiekursen till bolaget. 5, 10 eller 50 kr per aktie? Det är bara siffror utan någon anknytning till bolagets verksamhet och förmåga att lyckas i framtiden.

Ha därför som regel att alltid förstå – och gilla – det du investerar i. Låt din investering bli en kärlekshistoria med ambition att hålla förälskelsen vid liv under många år. Och inse att det, precis som i vilken annan relation som helst, förutsätter att du ägnar tid åt att hålla glöden vid liv – och att det finns bättre och sämre perioder i alla förhållanden.

3. Ombalansera din portfölj – hitta säkra hamnar

När det blåser på börsen är det storm på smålistorna. Antalet noterade bolag har vuxit närmast explosionsartat de senaste åren. Det är i första hand på börsens ”småttinglistor” som tillskottet blivit stort. I många fall handlar det om mindre bolag med stora ambitioner men långt till lönsamhet.

Det är inte konstigt att det är bland dessa som kursrörelserna blir som mest dramatiska – både i uppgång och nedgång. Risken är högre, men också likviditeten i aktiehandeln. Och det ger turboeffekt i kursnedgångar. Det kan rent av bli svårt att sälja dina aktier under vissa perioder, åtminstone utan att trycka ner kursen ytterligare.

Ett bra råd när det börjar blåsa upp till storm är att ombalansera innehaven i din portfölj. Växla över till större bolag som visat historisk lönsamhet och har en sund balansräkning. Du kommer inte att skydda dig helt mot kursnedgångar, men du kan rida ut stormen.

Också bland större bolag finns det mer eller mindre säkra hamnar. Branscher som passar bra för ”övervintring” är konjunkturokänsliga aktier inom läkemedel, livsmedel, omsorg (skola, äldre- och sjukvård) och så kallade utility-bolag (el, vatten, etc). Även i en konjunkturnedgång fortsätter vi att köpa mat och mediciner, ta hand om våra äldre och använda elektricitet i hemmen. Gemensamt för många av dessa bolag är att de har stabila kassaflöden som tillåter höga utdelningar till aktieägarna, vilket i sig också brukar vara en kudde vid börsras.

4. Lär dig använda Stop Loss

En vanlig reaktion vid börsras är att man blir paralyserad. Som ett rådjur som ser strålkastarlyktorna närma sig i hög fart men utan att röra på sig.

En praktisk funktion som kan skydda dig mot långvariga kursnedgångar är *Stop Loss*. Det innebär att du på förhand, i din internetbank, kan programmera in en särskild prisnivå då dina aktier säljs per automatik. Aktiemarknaden rör sig i vågmönster. Att snabbt ta sig ur en position kan bespara dig mycket lidande om den första korrigeringen visade sig vara början på en längre tids nedgång.

Men det gäller förstås att inte vara för snäv i kursangivelsen, och svårigheten är att bedöma vad som är rimlig nivå för att din automatiska säljorder ska utlösas. Vanligt är att sätta en Stop Loss-nivå på -10 procent av den aktuella prisnivån. Om du exempelvis använder Stop Loss-funktionen i den andra exempelportföljen som nämndes under punkt 1 ovan, hade du lyckats undvika merparten av börsraset som inträffade det tredje året. Förhoppningsvis hade det gjort det lättare att återinvestera pengarna när marknaden bottnat ur.

Stop Loss kan också vara ett praktiskt verktyg att använda när du uppnått ett kursmål i en särskild aktie, men aktien kanske handlas i en uppåtgående trend och du känner dig osäker på om det är rätt tajming att sälja nu, trots dina tidigare framgångar.

Istället för att sälja och säkra hem vinsten direkt kan du lägga in en Stop Loss-order några procent under den aktuella nivån. Fortsätter aktien att stiga i pris är du fortsatt med på resan. Visar det sig att du hade prickat toppen och kursen går nedåt kommer Stop Loss-funktionen att aktiveras och du kommer ur ditt innehav på den prisnivån som du hade programmerat in, en nivå som du sannolikt ändå var nöjd med från början.

5. Sälj hälften – börja investera

En kanske inte helt rationell strategi, men som ändå har sina poänger, är att sälja hälften av ditt innehav när marknaden viker. Fördelen är att du känner att du gjort något rätt oavsett hur marknaden utvecklas. Infrias dina farhågor om en långvarig börsnedgång har du säkrat hem halva kapitalet. Visar sig dina farhågor överdrivna är du fortfarande med på kursuppgången i din kvarvarande del. Du vinner oavsett.

Som ett tillägg till denna strategi bör du ha en tydlig strategi för hur du ska börja investera pengarna som du fick från försäljningen. Exempelvis delar du upp beloppet i 10 lika stora belopp som du investerar en gång per månad. På så vis försäkrar du dig om att inte stå utanför börsen med en för stor likviditet under en lång period, samtidigt som du minskar risken genom att sprida ut inköpen över ungefär ett år, vilket historiskt sett visat sig vara en bra tidshorisont. Fortsätter kurserna nedåt efter din initiala försäljning får du se det som att du köper till reapris de första månaderna. Håll dig till din uttalade strategi och låt inte känslorna ta kontroll över dig.

6. Lär dig perspektivförskjutning

På lång sikt är aktier en överlägsen sparform (förutsatt att du har bra riskspridning och undviker att ”kollapsa” ditt kapital under resan). Tiden är din bästa vän. Har du en lång sparhorisont kan den bästa strategin av dem alla vara att inte göra någonting alls när börsen kraschar. Se det som tillfälliga hack i den långsiktiga kurvan. Försök inte tajma börsens upp- och nergångar med risk att du står utanför marknaden när kurserna vänder upp. Ha som strategi att i princip alltid vara fullinvesterad.

Med denna något lakoniska inställning är du en vinnare på sikt. Men likväl kan det vara svårt att inte känna ångest när undergångsromantikerna får allt större utrymme i media och du ser förmögenheten krympa ihop som en misshandlad sufflé.

Ett sätt att hantera detta är naturligtvis att inte titta. Undvik att logga in på din depå och avinstallera apparna i mobilen. Lev vidare i lycklig ovisshet.

Eller zooma ut och gör en perspektivförskjutning. Kanske svettas du över att din förmögenhet på kort tid minskat i värde med 10 till 20 procent – tänk så mycket roligt du hade kunnat göra för de pengarna. Kanske köpt en ny bil eller unnat dig en lyxig semester?

Sådana resonemang leder endast till högt blodtryck och hjärtklappning. Undvik det till varje pris. Istället kan du resonera i termer som att värdet på din nuvarande portfölj är ungefär lika stort som det var för sex månader sedan. Tänk dig tillbaka till den tiden av ditt liv, hur kände du dig då? Förmodligen ganska framgångsrik och i stadd kassa. Om du var nöjd då – för sex månader sedan, omedveten om att portföljen skulle komma att stiga ännu mer i värde, för att därefter snabbt gå ner – varför skulle du inte kunna känna dig lycklig nu?

Poängen är att hitta nycklar för att på ett rimligt sätt hantera svängningarna på börsen. Du får inte låta nedgångarna påverka din hälsa och ditt välmående. I den kampen är alla mentala trick tillåtna.

”October: This is one of the peculiarly dangerous months to speculate in stocks. The others are July, January, September, April, November, May, March, June, December, August and February.”

Mark Twain

Tack till ...

Även om jag varit aktiv på aktiemarknaden i många år och känner mig bekväm med uttryck, metoder och teorier är det en utmaning att omsätta kunskapen till ett någorlunda förståeligt bokformat. Eventuella kunskapsluckor blir smärtsamt uppenbara när man ska förklara för andra. Och sanningen är att jag själv lärt mig en hel del under arbetets gång. Inte minst är mina rekommendationer i boken en påminnelse om hur jag själv ska arbeta. Det glömmer jag ibland, har jag märkt.

En person som varit central i framväxten av boken är min gode vän, Carl Westerstad. Carl må vara anonym för det stora flertalet, men jag vågar påstå att han är en av Sveriges främsta analytiker och kapitalförvaltare som här har agerat bollplank och faktagranskare. Men alla eventuella felaktigheter eller otydligheter är naturligtvis endast en produkt av mina egna brister. Ett stort tack också till George Bol på Börsdata som varit oerhört hjälpsam med statistik och underlag inför nyutgåvan av boken.

Jag vill också nämna mina föräldrar, Dag och Britt Lauritzson, som med oförtröttlig entusiasm hejat på när jag utvecklat mina tankar – och kommit med kloka inspel efter flera rundor av korrläsning.

Tukan förlag med Christian Bang-Melchior, Karin Alfredsson och Susanne af Klercker är varje författares dröm. Utan er hade det aldrig blivit någon bok. Tack.

Register